contemporanea

Viviana Mazza

Guerrieri di sogni

Illustrazioni di Paolo d'Altan

MONDADORI

Le mappe presenti negli interni del volume sono state realizzate da Stefano Moro a partire da elementi grafici di Shutterstock. In particolare:
a p. 25 (Afghanistan) © Renee's illustrations/Shutterstock,
a p. 37 (Honduras) © Dikobraziy/Shutterstock,
a p. 51 e a p. 147 (U.S.A.) © Peter Hermes Furian/Shutterstock e © Rainer Lesniewski/Shutterstock,
a p. 65 (Cina) © Rainer Lesniewski/Shutterstock,
a p. 77 (Polonia) © Pavalena/Shutterstock e © Ekler/Shutterstock,
a p. 89 (Zimbabwe) © Peter Hermes Furian/Shutterstock,
a p. 101 (India) © Vectomart/Shutterstock,
a p. 111 (Siria) © Peter Hermes Furian/Shutterstock,
a p. 125 (Regno Unito) © Peter Hermes Furian/Shutterstock,
a p. 135 (Pakistan) © Pyty/Shutterstock e © Peter Hermes Furian/Shutterstock,
a p. 161 (Yemen) © Itan1409/Shutterstock,
a p. 175 (Italia) © Peter Hermes Furian/Shutterstock.

www.ragazzimondadori.it

Prima edizione ottobre 2018
Stampato presso ELCOGRAF S.p.A.
Stabilimento di Cles (TN)
Printed in Italy
ISBN 978-88-04-70576-5

Anno 2019 - Ristampa 1 2 3 4 5 6 7

A Rosa Serine, mia figlia

Prefazione

Non fatevi trarre in inganno dall'età. I protagonisti di questo libro sono davvero guerrieri. Hanno avuto il fegato di dare la propria vita per salvare gli altri, come il quindicenne pachistano Aitzaz Hasan, o di lanciarsi giù da una montagna a 115 chilometri l'ora, come l'atleta paralimpica inglese Millie Knight, che ha imparato a sciare a sei anni, *dopo* aver perso la vista.

Essere guerrieri non significa non avere paura. L'indiana Reshma Qureshi, sfregiata con l'acido, si vede portar via una delle cose che la società considera più importanti per una ragazza, la bellezza, e perde il coraggio di vivere; ma poi capisce di valere molto più del suo aspetto. Kevin Rodriguez, cresciuto in Honduras, nel quartiere più violento del mondo, trema di paura quando decide di incontrare un boss senza scrupoli per chiedergli il permesso di organizzare un torneo di calcio; ma è convinto che se non osa non otterrà mai nulla, e lui vuole regalare un giorno di felicità ai suoi coetanei circondati solo da delinquenza e morte.

Alcuni dei protagonisti di questo libro lottano per cercare una soluzione a problemi difficili che riguardano la società intera, come le americane Emma González contro le sparatorie nelle scuole e Jasilyn Charger per la difesa dell'ambiente, o come l'afghana Negin Khpalwak, prima ragazza direttrice d'orchestra nel suo Paese, dove la musica è considerata da molti un'attività immorale. Alcuni dei loro sogni potrebbero sembrare semplici, ma per realizzarli hanno dovuto affrontare mostri per niente immaginari e ostacoli quasi insormontabili.

Non sempre i guerrieri sono vittoriosi, ma la cosa che conta (più del successo) è il valore di ciò per cui si combatte.

Le tredici storie che leggerete sono vere. Sono quasi tutte basate su interviste che ho fatto personalmente con i protagonisti o con i loro cari, realizzate per le pagine degli Esteri del mio giornale, il "Corriere della sera", e in molti casi appositamente per questo libro. Per ricostruirle nei dettagli sono state fondamentali anche le ricerche di articoli e video-interviste realizzati da reporter stranieri, le opere di documentaristi, registi e scrittori con i quali sono entrata in contatto, e l'attività di organizzazioni umanitarie.

Credo senza riserve che leggere storie vere di ragazzi e ragazze di altri Paesi, dalla Gran Bretagna alla Cina, ci aiuti a capire nel concreto questioni fondamentali come il diritto all'istruzione, la difesa dell'ambiente, la disabilità e lo sport, il terrorismo, che altrimenti possono suonare lontani o astratti. È un modo per riflettere sul mondo che vogliamo costruire: ci sono tante occasioni in cui sono i papà e le mamme, anche se poveri o sfortunati, a insegnare ai figli a combattere per se stessi e per i sogni in cui credono, ma può capitare che i più giovani siano costretti a difendere i propri diritti mentre "i grandi" prendono decisioni sbagliate o si comportano come bambini.

Come ci insegna Wang Fuman, il "bambino fiocco di neve", siamo noi a dover cambiare il nostro destino. Dice un proverbio cinese: «Se pensi all'anno prossimo coltiva il riso, se pensi ai prossimi dieci anni pianta alberi, ma se pensi ai prossimi cent'anni scommetti sulle persone».

Viviana Mazza

Guerrieri di sogni

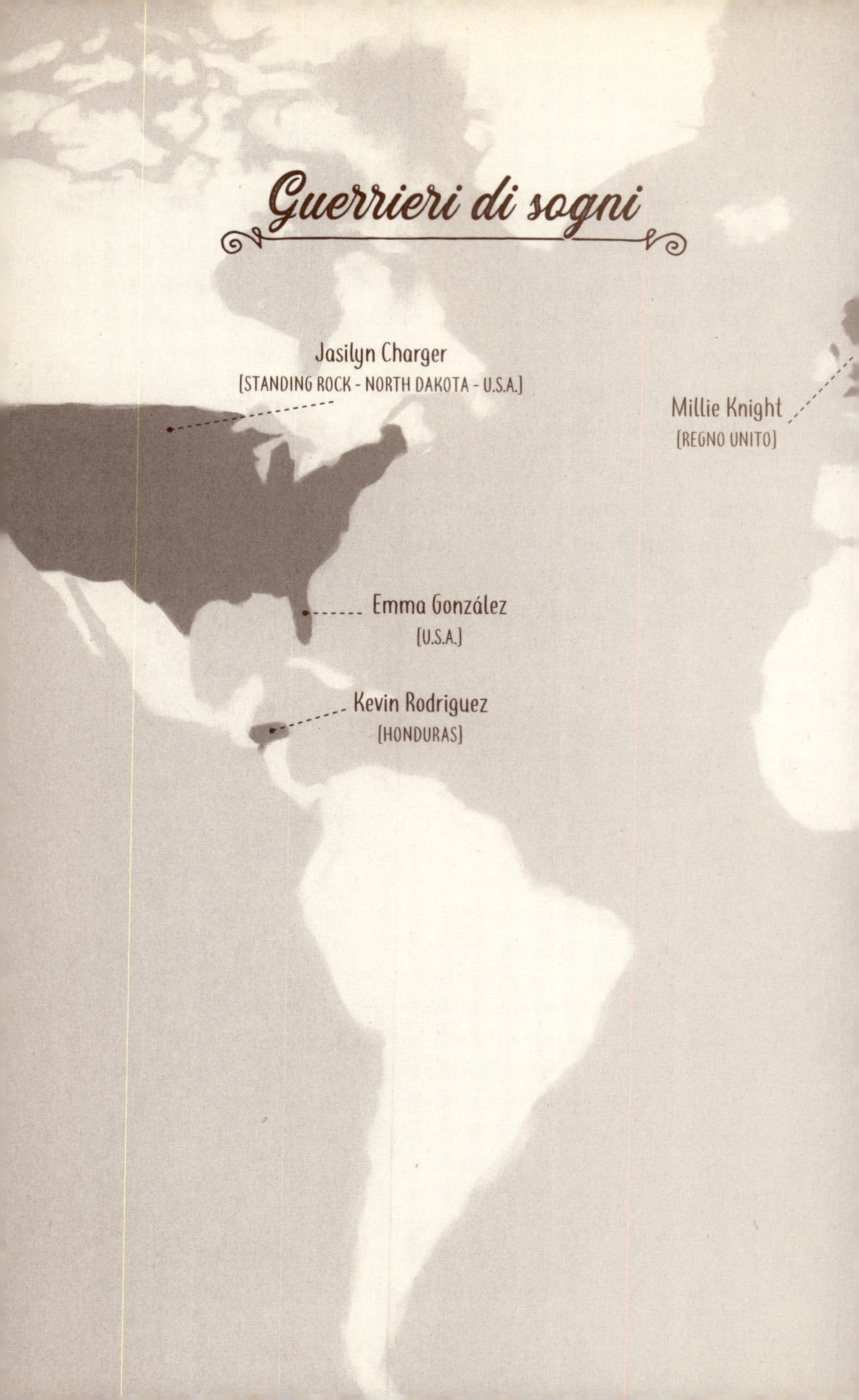

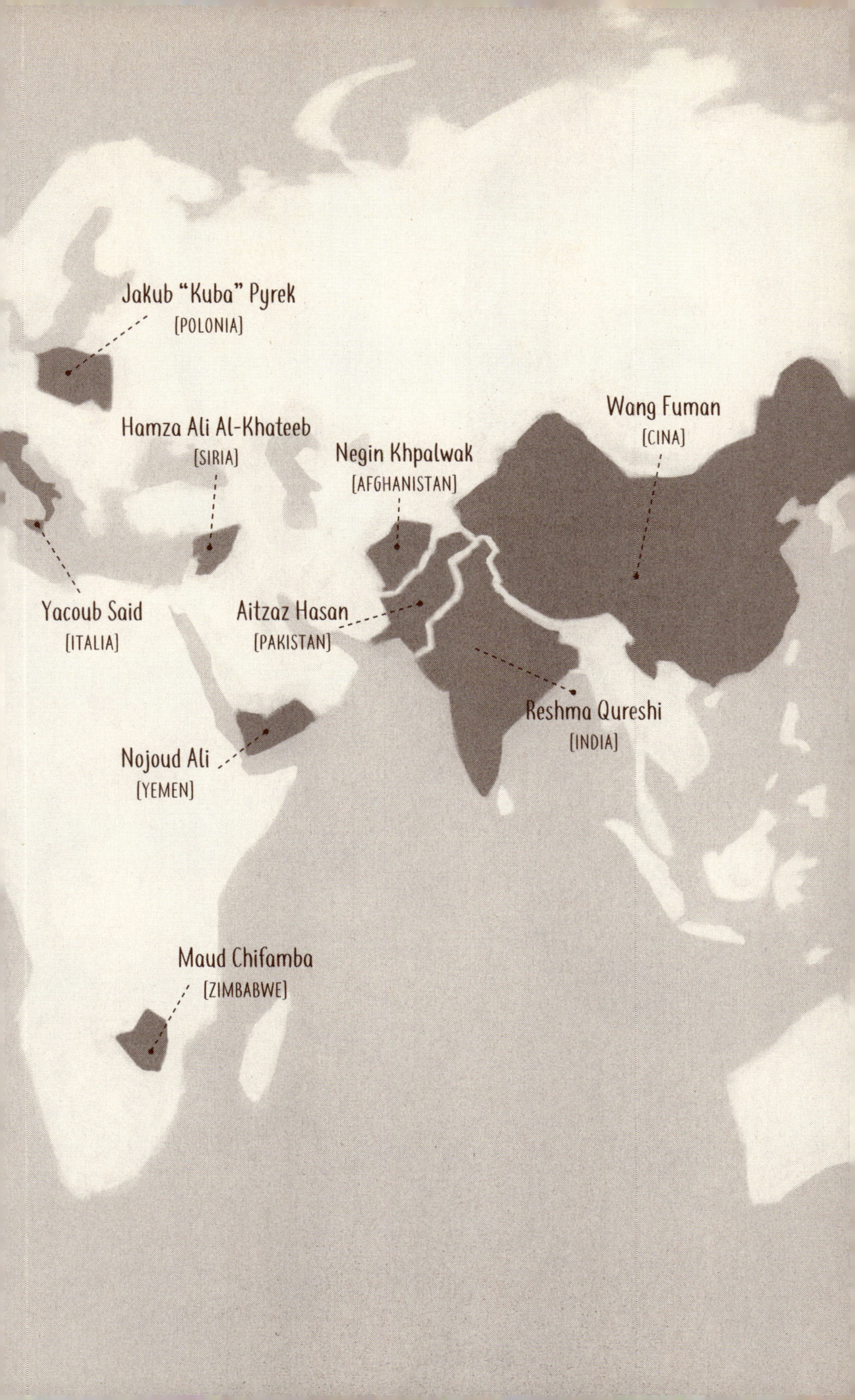
Jakub "Kuba" Pyrek
[POLONIA]
Hamza Ali Al-Khateeb
[SIRIA]
Negin Khpalwak
[AFGHANISTAN]
Wang Fuman
[CINA]
Yacoub Said
[ITALIA]
Aitzaz Hasan
[PAKISTAN]
Reshma Qureshi
[INDIA]
Nojoud Ali
[YEMEN]
Maud Chifamba
[ZIMBABWE]

Il potere della musica

NEGIN KHPALWAK, AFGHANISTAN

19 gennaio 2017

Le musiciste si rassettano i vestiti e i veli. Sono arrivate in aereo per suonare di fronte a duemila leader mondiali al Forum economico mondiale di Davos, in Svizzera. È da mesi che si esercitano al *sitar* e al *rubab*, al pianoforte, al violino, all'oboe. Oltre alle canzoni afghane, conoscono molti brani occidentali e hanno preparato un arrangiamento della *Nona Sinfonia* di Beethoven. La loro orchestra, tutta femminile, si chiama Zohra, come la dea persiana della musica. Sono le 18.30 e al di là del sipario c'è il culmine di un lungo viaggio.

Negin sale le scale di corsa, è eccitata e insieme nervosa. Il lungo vestito nero con ricami colorati sul petto svolazza, i capelli castani ondeggiano raccolti in una coda.

Stasera la paura del palcoscenico è l'unica paura da affrontare. Stasera, in fondo, non ha nulla da temere. Stasera non rischia di essere uccisa da un kamikaze solo perché è una musicista. Né deve aspettarsi una punizione da parte dei suoi zii, furiosi per quello che considerano un disonore.

L'orchestra inizia a suonare *Arghavan*, una canzone afghana che prende il nome dai fiori rosa intenso dell'albero di Giuda. Negin esce sul palcoscenico, con i capelli coperti da un velo nero, verde e rosso, i colori della sua patria. Stringe la mano alla prima violinista, nota i sorrisi sui volti delle compagne e non pensa più a niente. La calma scende su di lei. E, con la sua bacchetta, è pronta a condurre una magia sul palcoscenico del mondo.

La prima volta che Negin sentì il suono della musica aveva tre anni, e viveva nel villaggio di Shinegar, venti case incastonate fra tre montagne nella provincia afghana di Kunar.

Non c'era la TV, né la radio. Ma suo padre Ajmal e il cugino possedevano un *sitar*, e ogni tanto suonavano quel bellissimo strumento a corda dal lungo collo. Si accompagnavano usando come percussioni delle bottiglie d'acqua, e la melodia era così dolce e allegra che la piccola Negin danzava di gioia intorno a loro. Ma papà suonava solo con pochi amici, il resto della sua famiglia non l'avrebbe mai accettato: la musica era considerata immorale, e suonare era come commettere un peccato. Nessuno nella loro tribù, i *pashtun*, avrebbe osato suonare in pubblico. Nessun uomo, figuriamoci una donna.

Negin era la prima di otto figli, cinque maschi e tre femmine. Non c'erano scuole a Shinegar, solo una moschea dove si imparava il Corano e a leggere e scrivere in lingua *pashto*. Dopo averla frequentata per due anni, le bambine restavano a casa, in attesa di essere date in spose. Le donne, come si dice da quelle parti, possono lasciare la loro casa soltanto in un'occasione: quando è tempo di avvolgerle nel sudario.

Anche se aveva solo nove anni, Negin disse a suo padre che voleva continuare a studiare. Lui poteva capirla: oltre a lavorare nei campi era andato a scuola fino a 18 anni. Poi, aveva imparato l'inglese ascoltando cassette e CD e questo gli aveva permesso di trovare lavoro come interprete per i soldati americani.

Proprio perché capiva, il padre di Negin decise di portarla a Kabul, la capitale. Al resto della famiglia non dispiacque: poteva diventare medico e curare le donne nel villaggio, dove molte morivano troppo presto. Poiché non poteva permettersi vitto, alloggio e istruzione, l'uomo cercò posto in un orfanotrofio che accoglieva non solo i bambini senza genitori ma anche quelli che venivano da province lontane. L'orfanotrofio sorgeva in una villa circondata da alte mura sormontate da filo spinato e protette da guardie armate. Ma a Negin non fece paura: quando vide le ragazze senza velo sulla testa che giocavano insieme ai ragazzi, si innamorò di quel posto.

«Papà, vai pure, io resto qui» gli disse senza versare una lacrima all'idea di rimanere da sola in una grande città. Si mise a saltare sul letto nella stanza che avrebbe condiviso con venti compagne, e fece subito amicizia.

Ogni giorno andavano a scuola, mangiavano insieme

su una tovaglia stesa sul pavimento, e la sera cantavano intorno alla stufa. Alcune giocavano a calcio sul prato in cortile. Aveva trovato una nuova famiglia.

Quando Negin aveva 13 anni, un'insegnante di pianoforte italiana, Adriana, visitò l'orfanotrofio. Prese il tè con le ragazze e parlò loro di un posto chiamato Istituto Nazionale di Musica dell'Afghanistan. Notò subito lo sguardo attento di Negin, la sua empatia nei confronti delle compagne, la grande energia che sprigionava.

«Ci sono solo due studentesse, una di nove anni che fa pianoforte e una di diciotto che fa chitarra. Se l'idea vi piace potreste venire e imparare a suonare uno strumento.»

Adriana aveva portato con sé anche alcune musiche da far ascoltare per invogliare le bambine.

«Suonare? Io?» Negin non poteva crederci. Alla TV dell'orfanotrofio aveva visto un paio di donne cantare, ma mai suonare la chitarra o il *rubab*. Ed era incredibile che una diciottenne – età a cui di solito in Afghanistan si è sposate da tempo e si hanno tre o quattro figli – avesse la libertà di studiare musica. Ci pensò per due giorni e per due notti. Poi decise di partecipare alle selezioni, senza dire niente a nessuno della sua famiglia.

Negin non immaginava che in Afghanistan esistesse un posto come l'Istituto. Gli studenti, in uniforme grigio e porpora, sembravano fuori posto nella strada polverosa e piena di spazzatura. Ma quando il cancello, sorvegliato da un guardiano, si aprì, un'oasi si dischiuse davanti ai suoi occhi. Kabul era un luogo molto rumoroso, con elicotteri sempre in volo, sirene, un traffico frenetico. Era un luogo di paura, con muri di cemento, torri di osservazione, filo spinato ovunque. Lì, invece, grandi alberi circondavano un edificio a due piani dipinto di rosa. E non si sentiva altro che musica. Riempiva le stanze dove gli alunni si esercitavano e confluiva nei corridoi: la musica suonata da studenti di etnie e religioni diverse, dai 12 anni in su. Nel primo anno gli studenti erano solo maschi, ma la scuola era riuscita a includere anche le ragazze. C'erano anche bambini di strada. Una aveva uno sbaffo di fango sulla guancia, un'altra di solito vendeva sacchetti di plastica ai passanti. E c'erano anche i figli di famiglie di Kabul che apprezzavano la musica tradizionale.

Ahmad Sarmast, il fondatore dell'Istituto, spiegò quali strumenti si potevano suonare.

«Questo è un pianoforte, questo è un violino...»

Era un signore elegante dai baffi grigi, un musicologo che era stato costretto ad allontanarsi dall'Afghanistan nel 1996, quando avevano preso il potere i talebani. Negin era troppo giovane per ricordarlo, ma a quel tempo i talebani avevano vietato la musica. Avevano messo un avviso persino sul giornale: SE ASCOLTATE MUSICA E CANZONI IN QUESTO MONDO, NEL GIORNO DEL GIUDIZIO VI VERRÀ VERSATO PIOMBO FUSO NELLE ORECCHIE. Avevano reso un inferno la vita di chiunque si occupasse di musica. I negozianti che vendevano dischi o cassette erano stati arrestati, i musicisti picchiati e incarcerati, gli strumenti fatti a pezzi e dati alle fiamme, e quelli più grossi, come il pianoforte, fatti esplodere con le granate. Sarmast era tornato a Kabul dopo la caduta dei talebani, nel 2001. Ma purtroppo ancora tanta gente continuava a considerare immorale la musica.

Dopo l'esame, Negin andò a Kunar per le vacanze, e una sera il telefono squillò. Rispose la mamma.

Sua figlia deve tornare a Kabul, ha superato le selezioni e presto inizieranno le lezioni all'Istituto di musica!

Musica? Ma se Negin studiava a Kabul per diventare medico...

Solo quando il papà tornò a casa dal lavoro, Negin trovò il coraggio di dire a tutti la verità.

«Ho scelto la musica perché credo che sia il mio futuro.»

«Come può una ragazza *pashtun* suonare? Non è permesso neppure a un uomo!» si infuriarono gli zii. Poi minacciarono suo padre: «Se la lasci andare, non sei più nostro fratello».

«Se permetti che frequenti quella scuola, non sei più mio figlio» giurò la nonna, rincarando la dose.

«È la vita di Negin, non parlatele così» rispose lui. «Quando avete fatto sposare le vostre figlie senza chiedere se fossero d'accordo, vi ho detto che ero contrario, perché le donne dovrebbero avere il diritto di vivere come vogliono, ma voi l'avete fatto lo stesso.»

E a Negin confidò: «Avrai tanti problemi, ma sii forte e combatti per te stessa».

Da quel momento le giornate di Negin si arricchirono di un nuovo significato. Lo strumento che avrebbe suonato fu scelto dagli insegnanti: il *sarod*, un liuto dal suono profondo, intimo. «È perfetto per le tue dita affusolate.»

Negin avrebbe preferito il pianoforte, ma erano già in troppi a studiarlo, perché gli strumenti occidentali affascinavano i ragazzi afghani, ma in fondo ai suoi occhi erano belli tutti. Si svegliava alle 5, faceva esercizi di solfeggio fino alle 6, seduta sul letto. Usciva per andare alla scuola, dove le lezioni iniziavano verso le 8: matematica, geografia, inglese... Più tardi andava all'Istituto dove si fermava fino al pomeriggio inoltrato e infine tornava all'orfanotrofio. Qui preparava un tè con le compagne, chiacchierava, cenava. Se non c'erano compiti, si esercitava ancora e andava a letto presto. A volte però si svegliava in piena notte e ascoltava un po' di musica. Non usciva quasi mai, solo il venerdì. Uscire era pericoloso, perché tutti sapevano che lì c'erano ragazze che studiavano musica.

A 16 anni, Negin andò a New York e a Washington con l'Istituto. Tanta gente in America si stupiva alla vista di donne afghane in un'orchestra mista. Si rese conto che con la sua musica poteva far sentire la voce del suo popolo e cambiare gli stereotipi sul suo Paese.

Poi arrivarono di nuovo le vacanze, e lei tornò dalla sua famiglia, che nel frattempo si era trasferita a Jalalabad. Papà era in Tagikistan per lavoro, sua madre lavava i piatti.

«Posso aiutarti?»

«No, vai a studiare, devi studiare» replicò lei. Poi aggiunse: «Ti ho vista al notiziario... Non stai facendo delle brutte cose. Stai suonando e la tua musica rende felici le persone».

Era la prima volta che la mamma appoggiava i suoi sogni, e anche se il suo tono era neutro più che entusiasta, Negin lo vide come una conquista. Forse era la prova che la sua musica poteva combattere gli stereotipi anche tra i suoi connazionali.

La aspettavano però due notizie davvero terribili: il dottor Sarmast era sopravvissuto per miracolo a un attentato. Erano passati circa 20 minuti dall'inizio di un'opera teatrale nel centro culturale francese di Kabul, quando un ragazzo di diciassette anni si era fatto esplodere in mezzo al pubblico. L'opera raccontava la storia di un attacco kamikaze, quindi qualcuno era convinto che tutto fosse parte dello spettacolo. Ma non era così. Il kamikaze era seduto proprio dietro al dottor Sarmast. L'esplosione gli aveva perforato entrambi i timpani e undici schegge gli si erano conficcate nella nuca. Un'orchestra sinfonica stonata continuava a suonargli nella testa. Ma almeno – a differenza di un altro spettatore – non era morto.

La seconda cattiva notizia arrivò quando Negin stava per tornare a Kabul: gli zii le comunicarono che non intendevano permetterglielo.

«Diventa medico, così potrai aiutare le gente.»

«La mia musica può aiutare gli altri più di ogni altra cosa» replicò lei.

Ma non c'era suo padre a difenderla e l'opinione di una donna non contava. Per sei mesi, Negin restò prigioniera a Jalalabad. Ogni mattina si svegliava pensando agli studenti dell'Istituto e a tutte le opportunità che avevano e che a lei erano negate. Non mangiava più, si era ridotta all'ombra di se stessa. A volte si chiedeva: «Perché sono fatta così? Sono io che sono cattiva?».

Quando tornò suo padre, gli bastò uno sguardo alla figlia per capirne la disperazione. La riportò a Kabul.

«Dottor Sarmast, mi dispiace infinitamente. La prego di riprendere Negin. La tratti come fosse sua figlia, non permetterò mai più a nessuno di tenerla lontana da qui.»

Gli zii arrivarono a minacciarla di morte. La spaccatura nella famiglia era così grave che i suoi genitori, con gli altri figli, si trasferirono a Kabul.

Negin aveva paura, ma cominciò a studiare il pianoforte e quando si esercitava nella *Sonatina in Do maggiore* di Muzio Clementi, sotto i ritratti di Vivaldi e di Liszt, pensava solo a cose belle. Adorava Beethoven: quando lo ascoltava, chiudeva gli occhi e immaginava la vita del grande musicista; e quando la partitura all'improvviso cambiava, cercava di capire che cosa volesse raccontare, e se si trattava di qualcosa che aveva vissuto.

«Negin, prova tu a dirigere» le propose un giorno la maestra Allegra. «So che puoi farcela.»

Così Negin scoprì la bellezza di stare di fronte all'orchestra guidandone il ritmo con il movimento delle mani. Ognuno dei musicisti poteva diventare l'ennesima vittima della guerra e della violenza, in ogni momento. Potevano fermarli. Ma non avrebbero fermato la loro musica.

«Dottor Sarmast, possiamo formare un piccolo gruppo di ragazze?» chiese Meena, la trombettista, al direttore.

«Certo che sì.»

«E possiamo chiedere ai professori di arrangiare qualche brano per noi?»

«Certo che sì.»

Così era nata Zohra: partirono in sei, e presto arrivarono a trentaquattro componenti. Ma le minacce della mentalità conservatrice erano sempre in agguato. Un giorno Meena tornò al suo villaggio per il matrimonio della sorella. E sparì per sempre.

Era una bellissima giornata di sole quando l'orchestra atterrò a Kabul dopo il tour europeo, tra fiori e applausi. Ma la vera sorpresa attendeva Negin a casa.

«La nonna è qui per dirti bentornata.»

«Ti ho vista in TV, bambina mia. Sei stata bravissima» l'abbracciò. «E se qualcuno dice il contrario, ignoralo.»

Anche gli zii vennero a pranzo e si dichiararono addirittura orgogliosi di lei. Cos'era successo? Tutti avevano visto l'orchestra in TV e si erano resi conto che in quello che faceva Negin non c'era proprio niente di male.

Negin pianse di gioia. C'erano voluti sei anni perché gli altri capissero le sue scelte, ma finalmente poté tornare a Kunar, senza più paura di essere uccisa. Le tre montagne che abbracciavano la sua valle erano magnifiche, come sempre. Ma lei non era più la solita Negin, quella di una volta. Era la prima direttrice d'orchestra donna dell'Afghanistan, e voleva diventare la più brava del mondo.

I talebani in Afghanistan

Il termine *talebano*, che significa "studente" della scuola coranica, ha finito per indicare i miliziani fondamentalisti che nel 1996 presero il potere in Afghanistan e adottarono una rigidissima interpretazione dell'Islam. Imposero una serie di regole contro la cultura non solo occidentale ma anche locale: vietarono la musica e il ballo, impedirono alle ragazze di andare a scuola, e ai ragazzi di radersi e indossare abiti occidentali, arrivando addirittura a proibire la vaccinazione contro la poliomielite.

La musica in Afghanistan fa parte della tradizione. Nell'Ottocento giungevano nel Paese molti suonatori dall'India. Nel 1940, Radio Kabul diffondeva la musica insieme al Corano e al folklore. Nel 1960 fu aperta una scuola di musica. Ma già nel 1978, dopo un colpo di stato appoggiato dall'Unione Sovietica, iniziò la censura, che peggiorò sotto il regime talebano, dal 1996 al 2001. I talebani sono stati cacciati da Kabul dopo l'intervento degli Stati Uniti e dei loro alleati (tra cui l'Italia), ma non sono stati sconfitti: sono tuttora presenti in molte zone del Paese, e combattono contro il governo e contro le forze straniere. Poiché per lungo tempo le loro idee hanno influenzato la mentalità della gente, ancora in tanti considerano immorali la musica e la cultura (soprattutto quella occidentale), ma ci sono famiglie afghane che apprezzano l'importanza delle tradizioni e mandano i loro figli a studiare all'Istituto Nazionale di Musica di Kabul.

Afghanistan

Abitanti: 36.373,176

Superficie: 652.860 km²

Forma di governo: repubblica islamica presidenziale

Religioni: musulmani sunniti (84%), musulmani sciiti (15%), altri inclusi sikh, hindu, ebrei (1%)

Risorse: miniere (tante e spesso inesplorate), coltivazioni di oppio, agricoltura (frutta e noci), pastorizia

Curiosità

- È il principale esportatore al mondo di oppio illegale con cui si produce il 90% dell'eroina mondiale.
- Solo il 22% delle giovani donne afghane sanno leggere e scrivere.
- 18,6 anni: l'età media della popolazione afghana. Il 70% è nata in guerra poiché i conflitti si susseguono da 40 anni.

UZBEKISTAN
TURKMENISTAN
TAGIKISTAN
Provincia di
Kunar
IRAN
Kabul
INDIA
AFGHANISTAN
PAKISTAN

La partita della salvezza

KEVIN RODRIGUEZ, HONDURAS

Aprile 2016

Il capo entra nella stanza, furioso. È alto, grosso e calvo. Sulla pelle chiara della fronte spicca un tatuaggio: il numero 18. Un numero che fa paura a Kevin come a tutti, in Honduras.

«Cosa ci fai qui tu?» sibila, puntandogli la pistola alla testa. «Ho sentito che vuoi fare un torneo...»

«Sì» conferma Kevin, sforzandosi di mantenere un tono calmo, seduto in quella stanza soffocante. Due guardie del corpo l'hanno perquisito appena entrato. Si sono assicurate che fosse disarmato, gli hanno preso anche il cellulare. «Voglio organizzare delle partite di calcio, venire a Planeta con dei volontari...»

«Non porterai qui quello schifo!» grida il capo.

"È finita" pensa Kevin. "Appena mi alzo e gli volto le spalle per andarmene questo mi ammazza."

Kevin aveva 15 anni e faceva il volontario presso il centro *Por tu barrio* (per il tuo quartiere) di Rivera Hernández. Il suo Paese, l'Honduras, era entrato nel record dei primati per il numero più alto di omicidi al mondo. San Pedro Sula, la sua città circondata da paludi e campi di canna da zucchero, era la più violenta dell'Honduras. E il suo quartiere, Rivera Hernández, era il peggiore: i 98 distretti in cui era diviso, detti "colonie", erano controllati da diverse gang in guerra tra loro, che avevano stabilito il coprifuoco alle sei del pomeriggio e posti di blocco ai quali interrogavano ogni passante: se le risposte erano sbagliate o sgradite gli sparavano sul posto.

Ma per un giorno almeno, Kevin voleva che le cose andassero diversamente. Voleva che bambini e ragazzi giocassero per strada dimenticando la povertà e il crimine che li circondavano. Voleva coinvolgere anche gli assassini e i sicari: un po' perché senza il loro consenso sarebbe stato impossibile e un po' perché così quella notte sarebbero stati stanchi, sarebbero andati a dormire e forse non avrebbero ucciso nessuno. Voleva organizzare a Planeta, una delle colonie di Rivera Hernández, un torneo di calcio.

C'era chi aveva donato trofei da usare come premi. I volontari avrebbero portato bibite, *tamales*, torte e gioia ai ragazzi del quartiere. Avrebbero dimostrato che non tutti i giovani di Rivera Hernández erano delinquenti: molti volevano solo la pace, una via d'uscita da quella realtà che li uccideva prima che potessero crescere.

Ed era per questo che Kevin si era rivolto a un suo amico, membro del Barrio 18, una delle bande di strada più temute e violente, che controllava la colonia di Planeta.

«Si può fare» aveva replicato l'amico «ma devi parlare col capo, spiegargli il progetto.» E lo aveva accompagnato di persona.

La facciata della casa era brutta e scrostata, come molte delle povere abitazioni nelle strade fangose di Ciudad Planeta. Ma era solo la facciata. Dentro tutto aveva un aspetto ricco, lussuoso. Era evidente, aveva pensato subito Kevin, che quella era proprio la casa del capo.

«Lui è con me, lo porto dal capo.» La frase laconica del suo amico era stata un lasciapassare per i primi ragazzi di guardia, con le facce da duri, il numero 18 tatuato sulla fronte e sul petto, e magliette di squadre sportive anch'esse rigorosamente con il 18.

Quei ragazzi trasudavano la rabbia facile di chi è abituato a uccidere per un'offesa, per una parola sbagliata o anche solo per impulso, senza pensarci. Perché, da quelle parti, la violenza non era qualcosa a cui la gente pensava. Era ovunque, parte integrante e ovvia della vita, come l'amarezza nelle canzoni di musica *bachata*.

Era stata una bella fortuna per Kevin riuscire a vivere fino a 15 anni in un posto come Rivera Hernández. Sin dall'inizio la sua esistenza era stata così precaria che gli era difficile credere di avercela fatta.

La prima volta che aveva rischiato seriamente di morire era stato all'età di due mesi. Sua madre aveva una bancarella al mercato della frutta e verdura di Guamilito, a San Pedro Sula. I suoi genitori erano talmente poveri da far pena ai loro vicini poveri. Dopo la nascita di Kevin, erano spesso José Antonio Lagos e soprattutto sua moglie Digna Emerita Rodríguez a dargli da mangiare e fargli il bagnetto, anche se avevano già due figli propri. Lui con la schiena curva per il continuo caricare e scaricare merce dai camion al mercato. Lei con le mani callose, indurite dal lavoro di donna delle pulizie sette giorni a settimana. I Lagos vivevano in una delle zone più povere di Rivera Hernández, la colonia Sinaí, al confine tra i distretti di Planeta, Cierrito Lindo e Palmeras. Un giorno José trovò Kevin da solo su un cumulo di spazzatura a casa dei suoi genitori: se n'erano andati, lo avevano lasciato lì. Aveva due mesi e una marea di infezioni. L'ultima cosa di cui aveva bisogno José era un'altra bocca da sfamare. E non era un santo: aveva problemi di alcolismo, e quando la rabbia e la frustrazione crescevano alzava le mani sulla moglie. Ma di fronte a quel fagottino urlante e indifeso, non poté chiudere gli occhi: se lo portò a casa.

I bambini che crescevano a Rivera Hernández come Kevin non erano diversi dai bambini del resto del mondo. Desideravano anche loro regali di compleanno e per Natale. Ma spesso andavano a letto presto, perché era il modo migliore per dimenticare la fame. Solo due cose possedevano in abbondanza: la fantasia e lo spirito di iniziativa. Kevin, come i suoi fratelli acquisiti, aveva cominciato presto a lavorare per contribuire a racimolare i soldi necessari per l'unico pasto della giornata. A nove anni, raccoglieva bottiglie di plastica e lattine da riciclare: per un giorno di lavoro prendeva cinque o dieci *lempira*, cioè 15-30 centesimi di euro. A volte si prestava a fare lavoretti per i vicini: pulire il patio, fare la spesa... Ma i soldi non bastavano mai. Una volta gli serviva un tubetto di colla per la lezione di educazione artistica. Allora uno dei suoi fratelli, Nardin, raccolse i semi di una pianta, li schiacciò estraendone l'olio, lo versò su un foglio di carta bianco e lo mise al sole. Si trasformò in una sostanza appiccicosa.

«Ecco la tua colla, fratellino.»

Che a Rivera Hernández la vita potesse diventare ancora più dura sembrava impossibile, ma quando arrivarono le *pandillas*, le gang, peggiorò nettamente. Kevin aveva sette anni. Un paio d'anni dopo ci fu il suo secondo incontro con la morte.

Prima le bande erano due. Presto diventarono sette. Combattevano tra loro per il controllo del territorio, cruciale per il traffico di droga che da Paesi più a sud come Colombia e Venezuela arrivava in Nord America, e fondamentale anche per le estorsioni, la cosiddetta tassa di guerra che i gangster pretendevano dagli abitanti e dai negozianti del quartiere. La *Mara Salvatrucha* – o *MS13* – e *Barrio 18* erano le più forti. Ognuna aveva i suoi simboli: i membri di MS13 per esempio facevano con le mani un segno che somigliava alle corna, che chiamavano la "testa del diavolo"; era una specie M rovesciata presa in prestito dai fan dell'heavy metal. Poi c'erano le altre, più piccole ma feroci: i *Ponces*, i *Parqueros*, i *Tercereños*, gli *Olanchanos*, i *Vatos locos*.

Lo Stato non esisteva, a Rivera Hernández. Faceva capolino solo di tanto in tanto, attraverso una pattuglia di poliziotti o di soldati con il giubbotto antiproiettile impolverato e il dito sempre pronto sul grilletto, qualche campagna di derattizzazione o nelle scuole infestate dai membri delle gang. I criminali reclutavano nuovi membri tra i bambini a partire dai 7 anni: a 12 erano ormai parte integrante dell'organizzazione. Nella scuola di Kevin le iscrizioni scesero da 2000 a 300-500, e molti insegnanti si fecero trasferire. Il solo passare dal territorio di una banda di strada a quello di un'altra per andare a scuola poteva risultare fatale. A un certo punto la polizia intervenne e riuscì a eliminare due gang più piccole, i Ponces e i Parqueros, con una grossa operazione di intercettazioni e arresti mirati, ma le altre cinque continuarono a governare il quartiere.

Quando Kevin aveva nove anni, provarono a reclutare anche lui. Volevano usarlo come *posta*, cioè come "palo" all'angolo della strada, che avvertisse gli altri se arrivavano i piedipiatti o membri di altre gang. Gli offrirono soldi, lusso, potere. Tre cose che per un bambino povero di Rivera Hernández potevano diventare più del sole e della luna messi insieme. Ma lui rifiutò. Insistettero per sei mesi. Un giorno, subito prima del suo decimo compleanno, Kevin era andato a raccogliere lattine e bottiglie. Tre ragazzi più grandi gli tesero un agguato per strada. «Non hai voluto con le buone, te la sei cercata.»

Lo picchiarono brutalmente. Non lo uccisero, ma continuarono a insistere che si unisse alla gang. Kevin raccontò tutto a sua madre Digna: scapparono da Sinaí in un altro distretto, che tutti chiamavano *La Colonia de los Descuartizadores*. Il nome poco rassicurante era dovuto al fatto che le gang locali facevano a pezzi le loro vittime. La nuova casa aveva un soffitto di lamiera da cui filtrava la pioggia, muri sottili come foglie e niente acqua corrente. Era come vivere per strada, ma Kevin non perse il sorriso, né la voglia di imparare. Finì la scuola primaria e quella secondaria, diplomandosi all'istituto tecnico professionale.

Si rivolse al centro di assistenza *Por tu barrio* per ricevere aiuto psicologico dopo gli abusi subiti, ma presto da utente si trasformò in volontario. Faceva doposcuola ai bambini, chiedeva donazioni porta a porta per comprare zainetti e materiali scolastici ai più poveri, organizzava raccolte di abiti e feste in cui le caramelle piovevano da *piñatas* a forma di Babbo Natale. Fare qualcosa per chi stava peggio di lui lo faceva sentire meglio.

Così quel giorno, quando Kevin entrò nella casa del boss del Barrio 18, aveva paura, ma aveva portato con sé anche una buona dose di coraggio. Quello era ormai il suo terzo faccia a faccia con la morte. E comunque ai suoi occhi non c'era altra scelta: doveva correre il rischio, doveva osare, se voleva ottenere qualcosa.

«Allora, perché sei venuto?» continua il capo sbattendo la pistola sul tavolo. «Mi dicono che te la fai con la polizia. Ma qui non funziona così.»

«Io non lavoro per nessuno. Voglio solo fare qualcosa per i ragazzi di questo quartiere» risponde Kevin. «Voglio che per un giorno possano ridere e giocare.»

Ma intanto sta già dicendo le sue preghiere e le due guardie del corpo cominciano a pensare a come disfarsi del cadavere. Allora il capo stupisce tutti.

Il suo sguardo truce si fa per la prima volta amichevole.

«Dimmi quanta gente verrà, come saranno vestiti e non preoccuparti. Ma niente *sapos,* niente spioni» ammonisce notando che la speranza sta già facendo capolino sulla faccia di Kevin. «E niente foto.» Dopodiché gli fa una confessione inaspettata: «Ho un cugino, dei nipoti, ho dei figli. Non voglio che prendano la mia strada. È per loro che lo faccio».

Il torneo di calcio è un successo. È il Barrio 18 a occuparsi di tutto, inclusi i rinfreschi. Più di trenta volontari arrivano con Kevin, e sono spaventati, ma lo accompagnano lo stesso, senza protezione della polizia. I ragazzi giocano per strada senza pensare alla povertà e al crimine di Rivera Hernández. In seguito Kevin organizza molti altri eventi e la gente comincia a chiamarlo *El político*. E lui comincia a sognare, dopo l'università, di farsi eleggere sindaco per cambiare una volta per tutte il quartiere più pericoloso del mondo. Prima sindaco, poi deputato e in futuro chissà... presidente della Repubblica.

La guerra delle gang nell'America centrale

Le gang o bande di strada (*pandillas*, in spagnolo) sono un fenomeno nato nelle metropoli multietniche moderne: spesso i membri appartengono a minoranze etniche e la loro rivalità scatena guerriglie urbane. La città americana di Los Angeles ha da sempre un numero altissimo di bande: inizialmente erano soprattutto afroamericane, poi se ne sono formate di molte altre etnie. È qui che sono nate anche Mara Salvatrucha e Barrio 18, poi diventate attive in diversi Paesi centroamericani come l'Honduras.

Rivera Hernández, nella città di San Pedro Sula in Honduras, è stato definito nel 2013 il quartiere più pericoloso del mondo, per via dei 200 omicidi annui, su una popolazione di 150.000 abitanti. Le gang si arricchiscono grazie al traffico di droga, alle estorsioni, alla prostituzione. L'Honduras è un territorio di passaggio nel traffico della droga (marijuana, cocaina, eroina, e nuove droghe come il crispy) che parte dalla Colombia e dal Venezuela per arrivare in Nord America. A San Pedro Sula, la guerra tra le bande era diventata particolarmente feroce, e la situazione era così grave che uno studio del 2015 ha mostrato che 174.000 persone (il 4% della popolazione) hanno dovuto abbandonare la propria casa in Honduras per via della violenza. Negli ultimi due anni, però, grazie anche all'attività di volontari come Kevin e ai finanziamenti statunitensi per i centri di assistenza, a Rivera Hernández gli omicidi sono diminuiti, benché ci sia ancora molta strada da fare per rendere la vita davvero migliore.

Honduras

Abitanti: 9.418.000

Superficie: 112.492 km^2

Forma di governo: repubblica presidenziale

Religioni: cattolici (48,7%), protestanti (41%), atei/agnostici (8%), altre fedi (3%), non dichiarati (1%)

Risorse: agricoltura (caffè, frutta tropicale, canna da zucchero), industria tessile, miniere

Curiosità

- Lempira: la moneta dell'Honduras, prende il nome dal leader degli indigeni Lenca, che guidò l'ultima battaglia (fallimentare) contro i conquistadores spagnoli.
- 15% la percentuale della popolazione dell'Honduras emigrata negli Stati Uniti.
- 9: la nazionale ha il record di partite giocate senza vincerne nemmeno una ai Mondiali di calcio.

CUBA
MESSICO
BELIZE
Mar dei Caraibi
GUATEMALA
San Pedro Sula
Rivera Hernández
HONDURAS
Tegucigalpa
EL SALVADOR
NICARAGUA
Oceano
Pacifico
COSTA RICA
PANAMA

DAPL
WATERISLIF
#NODAPL
E ARE HERE T
PROTEC

Il serpente nero

JASILYN CHARGER, STANDING ROCK,
NORTH DAKOTA, U.S.A.
2 aprile 2016

La resistenza è cominciata il 2 aprile. La neve si sta sciogliendo nella riserva di Standing Rock, in North Dakota, sul fiume Missouri, quando Jasilyn Charger, con i lunghi capelli castani fermati sulla fronte da una bandana, monta una delle prime tende, insieme al cugino Joseph White Eyes (Occhi Bianchi) e a tre amici.

Sono Lakota, uno dei tre gruppi in cui sono divisi in base alla lingua gli Indiani Sioux (Lakota, Dakota e Nakota), che vivono soprattutto in North e South Dakota. Un tempo, come nomadi, guerrieri e cacciatori di bufali, i Lakota dominavano le praterie centrali nordamericane, ma ormai sono stati relegati nelle riserve, territori predisposti per loro dal governo americano – spesso dopo essere stati costretti a lasciare le loro terre ancestrali. Nelle riserve godono di autonomia, ma vivono nella miseria e nella disoccupazione. Jasilyn è arrivata a Standing Rock per fermare *Zuzeca Sape*, il serpente nero.

Il serpente nero striscerà sulla terra,
dissacrando i luoghi sacri e avvelenando l'acqua.
Distruggerà la terra.

Nessuno sa chi abbia pronunciato per primo quella profezia. Gli anziani la usano per raccontare la costruzione delle autostrade, che con le loro lingue nere hanno divorato le verdi pianure dell'Isola Tartaruga, cioè il Nord America. Ora alcuni associano la profezia all'arrivo di un oleodotto sotterraneo, il Dakota Access Pipeline, che servirà a trasportare mezzo milione di barili di petrolio sotto il fiume Missouri e il lago Oahe, preziose fonti d'acqua per le riserve dei popoli Lakota e Dakota. In caso di incidenti all'oleodotto, nel giro di due ore tutta l'acqua sarà inquinata. Senza preavviso. Senza rimedio. All'inizio l'oleodotto doveva passare vicino alla città di Bismark, ma gli abitanti si sono opposti. Allora le autorità hanno deviato il percorso avvicinandosi alla riserva. Ancora una volta i nativi possono essere sacrificati. Le loro vite valgono meno delle altre, come più volte è accaduto in passato quando il governo americano ha firmato trattati con i capitribù, impegnandosi a tutelare le loro terre, ma violando gli accordi nel momento in cui i loro diritti e bisogni interferivano con quelli della cultura dominante. Nel 1868 è stato sancito che i Lakota avrebbero avuto per l'eternità il controllo sulle Black Hills, le "colline nere" del South Dakota, ma quando nel 1874 è stato scoperto l'oro, esploratori e minatori si sono riversati come un fiume in quella zona e le autorità non sono intervenute in alcun modo per impedirlo. Intanto nel 1862 i loro fratelli Dakota, convertiti a forza ad agricoltura e pastorizia nelle riserve, non sono stati aiutati dal governo americano quando il raccolto è andato male: lasciati a morire di fame, si sono ribellati uccidendo centinaia di persone e per punizione 38 di loro sono stati messi a morte come criminali di guerra sotto la presidenza di Abraham Lincoln, la più grande esecuzione di massa nella storia degli Stati Uniti. Nella seconda metà dell'Ottocento, con l'espansione degli Stati Uniti a ovest, facilitata dalla costruzione delle vie ferrate che hanno collegato una costa all'altra, i cacciatori hanno sterminato in massa le grandi mandrie di bisonti, principale fonte di sostentamento per i popoli delle praterie, incoraggiati dall'esercito che voleva costringerli a una vita sedentaria nelle riserve.

«Se qualcuno può fare qualcosa» dice Jasilyn «quelli siamo noi!», la sua generazione, i millennial, ovvero i ragazzi nati tra il 1980 e il 2000. Sono i primi a essere cresciuti liberi di essere nativi americani, consapevoli delle cicatrici del loro popolo, e al tempo stesso immersi nella cultura di massa degli Stati Uniti.

C'è un'altra profezia, oltre a quella del serpente nero, ed è attribuita a Cavallo Pazzo, un leader Lakota che ha combattuto contro il 7° cavalleria del generale Custer, sconfiggendolo a Little Bighorn nel 1876, probabilmente la più grande vittoria dei popoli nativi:

Dopo aver sofferto al di là di ogni sofferenza, la Nazione Rossa si risolleverà e porterà conforto al mondo malato. Un mondo pieno di promesse spezzate, di egoismo e di divisioni. Un mondo che anela di nuovo alla luce. Vedo un tempo tra sette generazioni quando tutti i colori dell'umanità si riuniranno sotto il sacro Albero della Vita e la terra tornerà a essere un cerchio.

Cavallo Pazzo si è arreso nel 1877, segnando la fine della resistenza per difendere la vita nelle praterie. Nel 1890 tra i 150 e i 300 Lakota, metà dei quali donne e bambini, sono stati massacrati presso il torrente di Wounded Knee da un nuovo 7° cavalleria, in uno degli episodi peggiori della guerra contro i nativi americani. Ma la profezia del grande capo dice che i giovani si sveglieranno e si solleveranno, e che condurranno il popolo alla salvezza.

Jasilyn ha bisogno della resistenza quanto la resistenza ha bisogno di lei. Il serpente nero non è solo un oleodotto o un'autostrada, è un veleno che ha inghiottito ogni speranza nella sua vita e in quella di tanti suoi coetanei. Non è stato facile per lei crescere nella riserva di Cheyenne River, nella pianura desolata del South Dakota, a due ore di distanza da Standing Rock. Nel giro di una sola estate, sei adolescenti si sono tolti la vita: una di loro era la sua migliore amica. La mamma di Jasilyn stentava a pagare le bollette e non riusciva a smettere di bere. Papà era morto prima che nascessero lei e la sua gemella Jasilea, diverse come il giorno e la notte: Jasilea studiosa e sempre immersa nei libri, Jasilyn irrequieta e selvaggia, come i cavalli che domava nelle praterie anziché andare a scuola. A 13 anni i servizi sociali le hanno separate, mandandole in due diverse case di recupero. Per Jasilyn è stato un trauma. Finiva spesso coinvolta in qualche rissa, poi dritta nel reparto psichiatrico. Quando è uscita, a 17 anni, ha rivisto sua sorella, ma si sentivano due estranee e questo le ha spezzato il cuore. Così Jasilyn si è ritrovata a vivere in una discarica insieme ad altri ragazzi. Aspettava il suo turno per morire: cos'aveva da perdere, in fondo?

Poi un giorno suo cugino Joseph White Eyes, esile, con i baffetti e una lunga treccia, è andato a cercarla. «La nostra è una nazione orgogliosa e coraggiosa. Per noi la vita è sacra. Siamo dei guerrieri!» le ha ricordato. Joseph le ha dato finalmente una ragione di vita: dovevano sconfiggere il serpente nero, impedirgli di iniettare veleno nel loro mondo, nella loro acqua. Pian piano Jasilyn ha cominciato a uscire dal tunnel dell'autocommiserazione e a seguirlo alle manifestazioni. E così hanno partecipato alle proteste contro la costruzione dell'oleodotto Keystone XL, che doveva passare a nord di Cheyenne River. E hanno vinto (all'inizio)! Il presidente Barack Obama ne ha bloccato la costruzione. Quel giorno Jasilyn ha capito che non servono persone straordinarie per fare cose straordinarie. Ci vuole una persona che abbia il coraggio di alzarsi in piedi, e dire: «No».

È piena di speranza quando monta la sua tenda nella fredda pianura di Standing Rock. Accendono il fuoco sacro, tenuto sempre vivo, come facevano gli antenati. Intorno al fuoco ereggono le tende delle diverse tribù e chiamano quel luogo Sacred Stone. Foglie di tabacco e di cedro vengono offerte al fuoco perché il fumo possa far arrivare le loro preghiere al creatore. Il campo profuma di artemisia tridentina e di altre erbe medicinali, come quelle che riempiono il sacchetto di pelle con una piccola tartaruga disegnata sopra che Jasilyn porta legato al collo. Le giornate iniziano con una cerimonia dell'acqua. Vivono di panini e patatine, ma prima di mangiare pregano sempre e mettono da parte un piatto per gli antenati. Poi gli abitanti della riserva cominciano a portare loro del cibo e legna per i falò: vogliono aiutarli. Gli anziani invece tacciono: cosa mai può fare quel campo di protesta contro l'oleodotto? I lavori sono cominciati. Il serpente si sta avvicinando.

«Organizziamo una corsa!» decidono i ragazzi. Vogliono consegnare una lettera al Corpo degli Ingegneri dell'Esercito, che ha sede a Omaha, in Nebraska, per impedire che l'oleodotto passi sotto il lago. Corrono per ottocento chilometri, alternandosi a staffetta. Ci vogliono due settimane. Jasilyn trasporta un pesante bastone, simbolo dei loro antenati. Dopo quella prima corsa, ne organizzano un'altra, questa volta fino a Washington, questa volta lunga un mese intero. Quando passano da Cheyenne River, Jasilyn si fionda in casa sua.

«Svegliati Jasilea, dobbiamo salvare la nostra terra!»

Tira giù dal letto sua sorella, infila i suoi vestiti in una borsa. Jasilea si lascia trascinare mezza addormentata, senza fare domande, sul furgone che accompagna il gruppo. Jasilyn vuole salvare anche il legame tra loro.

Corrono le madri, una di loro con una neonata di tre settimane.

Corrono le donne anziane, e anche ragazzini che non erano mai usciti dalla riserva.

Corrono perché hanno capito che le loro vite, quelle dei loro figli e dei figli dei loro figli sono in pericolo.

Una ragazza di nome Malia, che viene dalle Hawaii, nota il sacchetto che Jasilyn porta al collo. Anche lei indossa un ciondolo bianco a forma di tartaruga: «Era destino che ci incontrassimo» dice. E si scambiano i talismani.

«Siamo la vita che cresce dopo la bomba nucleare esplosa nel cuore di una nazione. Siamo i protettori dell'acqua» proclama Jasilyn.

La brutta notizia li raggiunge a metà strada: il Corpo degli Ingegneri ha approvato il passaggio dell'oleodotto dalla riserva. Il serpente nero sta arrivando. In molti non riescono a trattenere le lacrime ma, dopo averle asciugate, corrono ancora più veloci.

Si fermano in una stazione di servizio. Un vecchio furgone si accosta al gruppo. Scende un uomo: dagli abiti capiscono che era un operaio dell'oleodotto.

«Che cosa state facendo? Perché correte? L'America usa il petrolio da più di cent'anni. Tornate da dove siete venuti, state solo perdendo tempo.» Jasilyn e gli altri restano ammutoliti, stremati fisicamente ma soprattutto feriti dal disprezzo di quell'uomo. Poi una voce si leva dal gruppo: «*Mni wiconi!* L'acqua è vita».

A parlare è stata la più piccola del gruppo, una bambina di quattro anni, Wiconi. Anche il suo nome significa "vita". E Jasilyn si chiede come mai una bambina riesca a capirlo mentre quell'uomo adulto no.

Allora i loro fratelli e sorelle si svegliano. In centinaia montano sulle auto e i camper e guidano fino a Standing Rock per unirsi alla protesta. Quando Jasilyn e gli altri tornano, il piccolo campo di preghiera si è trasformato in una città di migliaia di tende, da un lato e dall'altro del fiume, come una grande coperta colorata che protegge la terra. Jasilyn non ha mai visto tante persone provenienti da diverse nazioni, etnie e religioni. Alcuni hanno portato acqua da tutto il mondo – Africa, India, Cina, Australia – e la versano nel fiume per curarlo. È una scena che non avrebbe mai potuto immaginare, più grande di ciascuno di loro.

La polizia però è dappertutto. Ogni tanto scoppiano scontri. Peggiorano a settembre, quando i bulldozer dissacrano gli antichi luoghi di sepoltura dei Lakota. La polizia, in mimetica e giubbotti antiproiettile, aizza i cani contro i manifestanti, spara proiettili di gomma, usa cannoni ad acqua e gas al peperoncino, mentre aerei ed elicotteri armati volano sopra Standing Rock.

Jasilyn è furiosa. Non è cambiato niente. Il suo popolo viene oppresso come in passato, quando il governo americano ha tentato un'assimilazione forzata, costringendo i bambini nativi a frequentare scuole fatte apposta per cancellare la loro cultura tradizionale, cercando di proibire le loro religioni e le loro lingue. Ma se reagiscono con la violenza, perderanno tutto.

«Non insultate la polizia, non lanciate niente, ricordate per cosa combattiamo» ripete Jasilyn, con gli occhi che bruciano per i lacrimogeni.

Arriva l'inverno. La tormenta travolge il campo e il ghiaccio copre la pianura il 4 dicembre, quando il Corpo degli Ingegneri annuncia di avere cambiato idea: non permetterà il passaggio dell'oleodotto sotto il lago.

«È merito della vostra corsa a Washington. Adesso è ora di tornare a casa» si complimentano gli anziani.

Ma i giovani non vogliono ritirarsi. Come possono mollare? Jasilyn e gli altri sanno che quella vittoria è solo momentanea. Un nuovo presidente, Donald Trump, è appena stato eletto. Si è insediato alla Casa Bianca, e spinge per l'approvazione di Keystone XL e di Dakota Access. I ragazzi rimangono a Standing Rock, ridotti di nuovo a un piccolo gruppo di resistenza. Poi il 22 febbraio arriva l'ultimatum della polizia:

«Sgombrate il campo o sarete arrestati.»

I pochi adulti rimasti a protestare chiedono a Jasilyn e ai più giovani di farsi da parte e si fanno portare via in manette per amore dei loro figli.

Due mesi dopo, l'oleodotto è completato. Il serpente nero striscia sotto la loro acqua. Nella riserva di Cheyenne

River, dove ora Jasilyn vive con sua sorella, i ragazzi continuano a morire.

L'ultima a togliersi la vita è stata sua nipote.

C'è tanto veleno nel mondo. Jasilyn lo sa perché lo ha vissuto, è nella sua pelle e nel suo DNA. Ma il suo popolo lotta per la terra dei suoi antenati da 5000 anni. E se le chiedi cosa pensa di fare adesso, lei ti risponde: «È solo un altro capitolo nella nostra storia. La battaglia non è finita, è appena cominciata».

Gli Stati Uniti e l'ambiente

Gli oleodotti Keystone XL (che collega Canada e Stati Uniti) e Dakota Access (che corre dal North Dakota all'Illinois), ciascuno lungo 1800 chilometri circa, sono due progetti appoggiati dall'amministrazione di Donald Trump, nonostante la strenua opposizione degli ambientalisti e di diverse tribù di nativi.

Le proteste contro Dakota Access hanno visto la partecipazione di 200 diverse tribù di nativi americani, nella loro più grande manifestazione unitaria da centinaia di anni. L'opposizione al progetto è legata al timore che un incidente o una perdita possa contaminare l'acqua potabile, la flora e la fauna e danneggiare i siti sacri di sepoltura dei popoli Lakota e Dakota, due gruppi dei Sioux. Il problema dell'inquinamento dell'acqua non è sentito soltanto dai nativi: organizzazioni nazionali e internazionali da tempo lanciano l'allarme. Un rapporto dell'agenzia federale U.S.A. per l'ambiente ha calcolato che almeno il 44% dei fiumi e il 64% dei laghi d'America sono ormai troppo inquinati da fertilizzanti e sostanze chimiche per poterci pescare e nuotare. Ai nativi americani a Standing Rock si sono affiancati ambientalisti, veterani dell'esercito, star del cinema, candidati alle elezioni presidenziali: all'apice delle proteste, nell'autunno del 2017, almeno 10.000 persone erano accampate nella riserva, in North Dakota. Alla fine, dopo mesi di manifestazioni e oltre 750 arresti, la costruzione del Dakota Access Pipeline è stata completata e l'oleodotto è oggi operativo, ma le tribù stanno ancora cercando di fermarlo, rivolgendosi ai tribunali.

L'inquinamento dell'acqua, dell'aria e della terra è un problema globale, legato alla crescita della popolazione mondiale, all'espansione delle attività agricole e industriali e ai cambiamenti climatici. Secondo le Nazioni Unite, ogni anno muoiono più persone per mancanza di accesso all'acqua pulita che per tutte le violenze e le guerre messe insieme. Ma la consapevolezza ambientale è cresciuta molto tra la gente a partire dagli anni Settanta in America e più di recente anche in altri Paesi inclusa la Cina, portando a chiedere ai governi di fare di più per proteggere risorse preziose che appartengono a tutti, come l'acqua.

Il popolo Lakota

Abitanti: 8.200 (non tutti vivono nelle riserve)

Superficie: 28.709 km^2 (somma della superficie delle 4 principali riserve Lakota: Pine Ridge, Rosebud, Standing Rock e Cheyenne River in South e North Dakota)

Forma di governo: nazione semi-autonoma all'interno degli Stati Uniti

Religioni: religioni tradizionali, chiesa nativa americana, cristiani

Curiosità

- 5,4 milioni: gli indiani americani e nativi dell'Alaska costituiscono il 2% della popolazione degli Stati Uniti.
- Un terzo dei nativi americani di età compresa tra i 18 e i 50 anni hanno combattuto nella Seconda Guerra Mondiale per gli Stati Uniti.
- Il tasso di povertà nelle riserve Lakota è tre volte superiore alla media degli Stati Uniti. Il tasso di disoccupazione va dal 50 al 95% e tutti gli indicatori sociali dall'alcolismo alla violenza domestica sono assai peggiori che nel resto della nazione.

CANADA
NORTH
DAKOTA
Standing Rock
STATI UNITI D'AMERICA
Washington
MESSICO
Golfo del Messico
CUBA
BELIZE
GUATEMALA
HONDURAS
EL SALVADOR
NICARAGUA
Oceano
Pacifico
COSTA RICA
PANAMA

Il bambino fiocco di neve

WANG FUMAN, CINA

8 gennaio 2018

«Guardate! Un pupazzo di ghiaccio!»

«Un bambino fiocco di neve!»

I compagni erano scoppiati a ridere tra i banchi.

Il maestro gli aveva persino scattato una foto.

Wang Fuman, otto anni, era rimasto in piedi imbarazzato, con la giacca di tela gelata ancora addosso e senza parole.

Il suo nome, Fuman, vuol dire "pieno di felicità", ma in quel momento non si sentiva per niente allegro. I suoi compagni indicavano la sua testa, sulla quale si era formata una specie di scultura. I capelli erano ghiacciati, tutti dritti verso l'alto, somigliavano a un puntaspilli, o a un porcospino surgelato. Anche le sue sopracciglia e le ciglia erano coperte di brina, e le guance rosse paonazze.

Quel lunedì, come ogni mattina, Fuman si era svegliato alle 6.30 per andare a scuola. Se camminava veloce, ci metteva circa un'ora a percorrere i quattro chilometri e mezzo di strade sterrate che separavano la sua casa dalla scuola di Zhuanshanbao, un villaggio povero tra le montagne dello Yunnan. A volte, a 9 gradi sotto zero, nel gelo e nella nebbia i capelli gli si congelavano. Ma i suoi erano così poveri che non potevano permettersi di comprargli un cappello e vestiti pesanti.

In quella valle remota, le strade non erano neppure asfaltate: l'unica, a un quarto d'ora di distanza, che portava al paese più vicino, era stata costruita da appena un anno. Una volta nel villaggio abitavano trenta famiglie, ma poi chi poteva permetterselo si era trasferito: erano rimaste solo sette o otto case abitate. La gente sopravviveva a malapena, coltivando patate, grano saraceno e avena, le uniche piante capaci di resistere a 3000 metri sopra il livello del mare, e i campi erano ormai pochi anche perché il governo ne aveva trasformati molti in boschi. Un po' per farsi compagnia e un po' per riscaldarsi Fuman canticchiava una melodia senza senso mentre avanzava, fiancheggiando gli alti abeti e i bassi cespugli.

Ti ti ti, ti ti ti.

La neve cadeva e lui sentiva ogni filo di capelli trasformarsi in un sottilissimo ghiacciolo, ma andava avanti.

Ti ti ti, tu tu tu.

Non sentiva più le guance e nemmeno le mani, ma andava avanti. Quel giorno a scuola c'era l'esame di matematica e non poteva perderlo assolutamente.

In Cina quelli come lui, i figli rimasti nelle campagne mentre i genitori lavorano nelle grandi città, li chiamano *liushou,* i "bambini lasciati indietro". Ma a Fuman quel nome non piaceva per niente. Sapeva che suo padre Wang Gangkui non aveva altra scelta: era costretto a lavorare in un cantiere a 350 chilometri di distanza per 10-20mila yuan l'anno (1500-3000 euro), soldi che spendeva quasi tutti per mangiare e per l'affitto, senza riuscire a risparmiare quasi niente. Suo padre aveva scoperto che era difficile trovare impiego senza un titolo di studio e si era pentito di aver lasciato la scuola troppo presto; perciò aveva deciso che i suoi figli non avrebbero commesso lo stesso errore. Fuman sapeva che il suo compito era di studiare tanto, così un giorno sarebbe andato a Pechino per diventare un poliziotto e avrebbe aiutato la sua famiglia a mangiare bene, vestirsi bene e dormire bene.

Quando, dopo le risate, tutti i compagni di classe erano ormai concentratissimi sul compito di matematica, Fuman si guardò le mani: non sembravano più quelle di un bambino di otto anni, ma somigliavano a quelle della nonna. Piccole, gonfie e screpolate, indurite dai geloni e dai lavori nella fattoria.

La casa in cui viveva con sua nonna, sua sorella di dieci anni e lo zio di sedici era fatta di fango. Le pareti gialle si erano ingrigite negli anni. L'aria fredda penetrava dalle crepe nei muri, perciò dentro faceva più o meno freddo quanto fuori.

Non avevano acqua corrente e nemmeno il gabinetto

e quello pubblico più vicino distava dieci minuti a piedi. Farsi il bagno era un lusso: gli adulti si lavavano una volta ogni due mesi, i bambini e gli anziani una o due volte l'anno. Non avevano il riscaldamento: lui e sua sorella Fumei, che aveva due anni più di lui e un nome che significava "ricca di bellezza", accendevano il fuoco in un secchio di metallo. La nonna era malata e quando aveva troppe cose a cui pensare, Fuman e Fumei si preparavano la cena da soli: di solito arrostivano le patate che crescevano in giardino e le mangiavano senza togliersi la giacca per il freddo, seduti vicini sul divano a fiori strappato e scolorito dal tempo. Riso e patate: era il loro pasto due volte al giorno, a colazione e cena. A scuola, per fortuna, a pranzo c'era il pane con il latte, ma a volte Fuman metteva da parte quel tozzo di pane per portarlo alla nonna. Papà veniva a trovarli una o due volte l'anno e se aveva qualche soldo, sulla loro tavola compariva una piccola ciotola di cavolo cinese o di carne. La nonna possedeva alcune mucche e dei maiali, ma valevano troppo per mangiarli: dovevano venderli per sopravvivere.

Dormivano nella soffitta sopra l'unica stanza della loro casa di fango, accessibile con una traballante scala di legno a pioli. Lo spazio era angusto e vuoto eccetto per tre sottili trapunte stese sulle tavole fredde di legno. La nonna e Fumei riposavano insieme a sinistra, Fuman e papà al centro e lo zio nell'ultima. Quando pioveva e c'era vento, la loro ninnananna era il gocciolio dell'acqua dal tetto.

Alla fine della giornata Fuman scoprì di aver preso 99 su 100 nel compito di matematica. "Niente male, ragazzo!" pensò soddisfatto.

Quel che invece non poteva sapere, perché non leggeva i giornali, non aveva un computer né un profilo sui social network, era che mentre lui svolgeva il compito di matematica, qualcosa di straordinario stava accadendo su internet. Dopo pochi minuti che il maestro aveva pubblicato la sua foto online, migliaia di persone l'avevano vista e condivisa, e poi altre decine di migliaia, e centinaia di migliaia ancora e infine milioni di persone in tutto il mondo.

C'era chi si era commosso. Chi diceva che la faccia onesta di Fuman trasmetteva la forza della nazione cinese. Chi addirittura lo definiva "eroe". E pensare che lui era solo un bambino senza cappello!

C'era anche chi osava criticare il Partito comunista che governava la Cina dal 1949, perché aveva promesso di prendersi cura di tutti i cittadini, inclusi i più poveri nei villaggi remoti, inclusi i *liushou* come Fuman, e non lo faceva.

Qualche giorno dopo, i giornalisti di un canale dal nome buffo, Video Pera, si presentarono a casa sua. E gli fecero un sacco di domande.

«Questi sono i tuoi vestiti più pesanti?»

Fuman fece cenno di sì con la testa.

«Quando hai visto tuo padre l'ultima volta?»

«Circa... alcuni mesi fa.»

«Ti manca?»

«Sì.»

«E la mamma?»

«È scappata via.»

Ecco, l'aveva detto. E ormai non versava più neanche una lacrima. La mamma Lu li aveva abbandonati due anni prima e, per i primi due mesi, Fuman e Fumei avevano pianto ininterrottamente. «Quando torna?» chiedevano al padre. Lui rispondeva che li aveva lasciati perché erano poveri e non potevano permettersi di comprare una casa in paese, ma sperava ancora che cambiasse idea.

Era tornata una volta sola, per chiedere il divorzio, ma il marito aveva rifiutato. Se n'era andata il giorno dopo. A Fuman lei mancava tanto, ma allo stesso tempo l'assenza della madre era diventata un dato di fatto. «Non ho molti ricordi di lei» disse ai giornalisti. «Raramente mi portava a giocare fuori quando ero piccolo. E poi le piaceva darmi botte.»

Passò ancora qualche giorno, e a casa della nonna arrivò una sorpresa ancora più bella. Papà era tornato, per la prima volta da quattro mesi! Aveva letto i giornali: tutti parlavano di suo figlio, e si era preoccupato.

Ma la novità più grande era che il Partito comunista aveva invitato Fuman, sua sorella e il papà a visitare Pechino, la capitale della Cina, per il fine settimana, seguiti da una troupe della TV di Stato.

Fuman non aveva mai lasciato casa sua, questo era il suo primo viaggio lungo e passò quasi tutte le tre ore sull'aereo a guardare fuori dal finestrino. Sorvolarono il bacino del Sichuan, il granaio della nazione abbeverato dal fiume Yangtze: le sue gigantesche coltivazioni di riso facevano invidia ai poveri campi del suo villaggio. Vide il Fiume Giallo, il Huang He, detto anche "il dolore della Cina" perché più volte nei secoli le sue acque avevano allagato i villaggi e ucciso milioni di persone. E infine apparve Pechino. Ed era così moderna, così diversa da come l'aveva immaginata, con i suoi grattacieli e tutte quelle automobili, circondata da una fitta nube che non era nebbia come nello Yunnan, ma inquinamento.

Click! Lo fotografarono sull'aereo con il giubbotto nuovo regalato dal Partito.

Click! Mentre guardava l'alzabandiera in piazza Tienanmen (un momento molto patriottico).

Click! Con la bandierina cinese che gli avevano dato da sventolare.

E visto che aveva spiegato ai giornalisti che da grande lui voleva fare il poliziotto e catturare i cattivi, visitarono anche il quartier generale delle forze antisommossa, i poliziotti che intervengono nelle situazioni più pericolose.

Click! Con il casco e il giubbotto antiproiettile più grandi di lui.

Click! Mentre un agente gli insegnava il saluto militare.

«Il bambino fiocco di neve! Il bambino fiocco di neve!» gridava ogni tanto qualcuno, riconoscendolo per strada.

Ma lui replicava serio: «Mi chiamo Wang Fuman, non bambino fiocco di neve».

La sorpresa più grande fu che a Pechino non faceva freddo come a casa sua, c'era un gran tepore: le stanze erano così calde che bastava indossare uno strato solo di vestiti. Un vero miracolo!

In albergo c'era anche la TV, così lui e Fumei scoprirono i cartoni animati. Fuman aveva tante domande.

Era questo che facevano i bambini normali di tutto il mondo?

I bambini di Pechino quanto dovevano camminare per arrivare a scuola?

E poteva portare alla nonna un po' di quella prelibata anatra alla pechinese?

Alla fine del viaggio il Partito consegnò al suo papà 8.000 yuan (circa 1000 euro), cioè quel che di solito guadagnava in due mesi, e un cantiere vicino a casa gli promise un impiego, così non avrebbe più dovuto lasciare i suoi figli da soli. Papà diede a Fuman una banconota da 5 yuan e gli chiese:

«Cosa farai con questi soldi?»

«Li metto da parte, nel caso qualcuno di noi si ammali».

Molti benefattori sconosciuti gli mandarono libri, giocattoli, un cappotto nuovo di velluto blu. Ma anche molti altri abitanti del villaggio, che erano tutti molto poveri, ricevettero regali: 500 yuan per ogni bambino della scuola. Perché Fuman, il bambino fiocco di neve, aveva commosso il mondo ma il Partito diceva che era meglio che i soldi arrivassero anche a tutti gli altri, dato che non è bene diventare ricchi da un giorno all'altro.

Quando papà si presentò al cantiere di Zhaotong, a due ore di distanza in autobus, dove gli avevano promesso un lavoro, gli dissero che per il momento non ce n'era, ma di tornare più avanti.

Arrivò il nuovo anno – quello cinese, che cadeva a febbraio – e con esso l'invito di una scuola privata per Fuman e Fumei. Il preside voleva farli studiare gratis, a 40 chilometri da casa: sarebbero vissuti nel campus, tornando a casa solo una volta al mese, ma papà accettò subito perché si sarebbero concentrati sui compiti anziché sui lavori di casa.

Gli insegnanti erano più bravi di quelli della vecchia scuola, i compagni non parlavano in classe, prestavano più attenzione ai quaderni. Si mangiava molto meglio in mensa. Ma dopo solo una settimana... il preside ci ripensò. Chiamò papà e gli chiese di andare a prendere Fuman e Fumei. Gli consegnò anche una piccola somma di denaro in dono: c'era troppa attenzione del governo e dei giornalisti, continue ispezioni e richieste di interviste per "il bambino fiocco di neve" e chiunque lo circondasse. Il preside avrebbe voluto compiere una buona azione, ma non poteva sopportare tutto questo: Fuman e Fumei se ne dovevano andare.

Papà era dispiaciuto e un po' arrabbiato:

«Io sono analfabeta e non capisco perché ti abbiano buttato fuori» disse a suo figlio, mentre tornavano a casa nella solitudine delle loro montagne.

Ora Fuman aveva un giaccone pesante e un cappuccio con cui ripararsi bene la testa. L'attenzione dei media aveva accelerato la costruzione di un dormitorio per gli studenti delle elementari nella vecchia scuola: lui e sua sorella potevano dormire lì durante la settimana e c'era persino il riscaldamento. Ma quei doni non avevano cambiato molto la loro vita. Suo padre continuava a vivere lontano da casa, facendo lavoretti saltuari, ritornando soltanto quando aveva i soldi per farlo. Fuman aveva imparato anche qualcos'altro, però.

«Anche se adesso sei povero, devi guardare avanti» gli aveva detto il preside. «L'aiuto degli altri non dura per sempre, siamo noi a dover cambiare il nostro destino.»

La Cina a due velocità

I *liushou*, "i bambini lasciati indietro", sono i figli dei lavoratori cinesi che migrano dalle campagne nelle città in cerca di ricchezza. Si stima che siano almeno 60 milioni, un quinto dei bambini di tutta la nazione. Vivono in paesini remoti di campagna, con i nonni o da soli, e sono diventati un simbolo della Cina a due velocità. C'è una Cina che corre: superpotenza economica che sforna miliardari e in pochi decenni ha fatto passi avanti che ad altre nazioni hanno richiesto quasi un secolo.

E c'è una Cina lenta, povera, fatta di milioni di contadini che migrano nelle megalopoli per lavorare nelle fabbriche e nei cantieri, con enormi sacrifici e pochi diritti.

Il governo ne è consapevole. Il presidente Xi Jinping ha promesso di ridurre la povertà estrema entro il 2020. Ma una grossa parte del problema di famiglie come quella di Wang Fuman sta nel fatto che le regole impediscono ai lavoratori di portare i figli con sé, perché l'accesso alle scuole e all'assistenza sanitaria è garantito solo nei villaggi di nascita. I lavoratori migranti vengono trattati in pratica come cittadini di seconda classe.

Storie come questa potevano essere pericolose per l'immagine e la legittimità stessa del Partito comunista, che afferma di pensare a tutti i cittadini e di non lasciare indietro nessuno, ma invitando il bambino e la sua famiglia a Pechino è stata rapidamente trasformata in uno strumento di propaganda, cioè in una vicenda che, anziché criticare il governo, cerca di mostrarne la bontà. La Cina ha da sempre l'abitudine di mitizzare figure che hanno sofferto molto, ma hanno continuato ad avere fede nel loro Paese e nel Partito comunista.

In Cina vige anche una censura molto severa nei confronti dei media che cercano di raccontare la realtà in maniera indipendente, però da qualche anno i giornali di Stato sono stati autorizzati a parlare della povertà. L'informazione è importante per aiutare la gente, in Cina e all'estero, a conoscere la realtà e a dare voce a persone altrimenti inascoltate.

Cina

Abitanti: 1.415.045.928

Superficie: 9.597.000 km²

Forma di governo: Stato socialista guidato da un partito unico

Religioni: culti locali/nessuna religione (73,56%), buddhisti (15,87%), altri gruppi inclusi i movimenti popolari di salvazione e il clero taoista (7,6%), cristiani (2,5%), musulmani (0,45%)

Risorse: agricoltura, miniere (carbone, gas naturale, pietre preziose, rame, oro), industria (tessile, fertilizzanti, petrolio, cemento)

Curiosità

- Una persona su sei al mondo è cinese: è il paese più popoloso al mondo.
- La carta, la polvere da sparo, la stampa e la bussola sono le quattro grandi invenzioni dell'antica Cina. Ad esse va aggiunta la pasta, portata in Italia da Marco Polo nel 1271.
- C'è un solo fuso orario in un territorio che è tanto ampio da poterne avere 5: quando è mezzogiorno a Pechino lo è in tutta la Cina.

RUSSIA
ZAKISTAN
MONGOLIA
COREA DEL NORD
Pechino
COREA DEL SUD
GHIZISTAN
C I N A
Zhuanshanbao
NEPAL
BHUTAN
BANGLADESH
INDIA
MYANMAR
LAOS
VIETNAM
THAILANDIA
CAMBOGIA
Oceano Indiano
SRI LANKA
MALESIA
INDONESIA

Orfani bianchi

JAKUB "KUBA" PYREK, POLONIA

Primavera 2012

Kuba?

Sì.

Mi senti?

Sì, ti sento.

Come va? Sei riuscito a fare tutto?

No.

Sono orgogliosa di te. Sei un ragazzo in gamba, non c'è figlio migliore di te. Penserò a qualcosa, in modo che tu possa vivere in condizioni normali.

Ok.

Dobbiamo farcela fino alle vacanze. Dobbiamo.

Ok.

Stai attento e non dire al tuo insegnante che sei solo, ok?

Lo so.

Andrà tutto bene, tesoro. Ti mando un bacio. Bacia Mikolaj per me. Ciao.

Toccava a Kuba pensare a suo fratello Mikolaj, di otto anni, quando la mamma non c'era. La mamma non c'era perché in Polonia non riusciva a trovare lavoro, ma l'aveva trovato come donna delle pulizie a Vienna, in Austria. A dodici anni Kuba si era ritrovato a vestire i panni dell'uomo di casa.

Era orgoglioso di quel ruolo. Andava a prendere suo fratello a scuola e si faceva raccontare cosa aveva imparato. «Mi sono annoiato e basta» rispondeva Mikolaj. Lo portava a nuotare al fiume, e la sera giocavano al computer o facevano le bolle di sapone sul balcone del bilocale dove abitavano. Bolle grandi che svanivano nell'oscurità del paesino, Zakliczyn, mille anime all'estremo sud della Polonia.

Ma a volte Mikolaj lo faceva impazzire. «Oggi voglio mangiare una montagna di gelato e tirarti in faccia le caccole del naso» aveva proclamato il giorno prima. Non voleva mangiare niente, a parte gelato e patatine. Rifiutava di lavarsi prima di andare a letto. Kuba riusciva a metterlo sotto le coperte solo trascinandolo di peso per un braccio. Non si convinceva né con le preghiere né con le minacce. «Piantala di darmi ordini!» gridava al fratello.

Ciao Kuba, mi senti?
Tutto bene, ascolta ho il raffreddore, la gola non mi fa male, ma ho la tosse... Mamma, torni questo venerdì?

Quando la mamma tornava a Zakliczyn, un weekend sì e uno no, era una gran festa. Kuba cambiava le lampadine fulminate, spruzzava il deodorante in casa e insisteva per portarle la valigia fino al primo piano. Arrivati all'ingresso, ancora sul pianerottolo delle scale, l'abbracciava talmente forte da farle male.

Nel weekend la mamma faceva il barbecue e Mikolaj mangiava tutto, senza fare capricci. Poi la sera, abbracciati tutti insieme nel lettone, raccontava ai figli una storia dopo l'altra.

C'era una volta un pipistrello che aveva gli occhi grandi e un grande cuore...

C'era una volta un granchio che un po' camminava sulla sabbia e un po' nuotava nell'acqua, e nessuno capiva cosa stesse combinando.

Amici e parenti dicevano spesso alla mamma che doveva pensare ai suoi bambini e restare con loro, ma lei rispondeva che ci pensava eccome, non pensava ad altro! Ma era un circolo vizioso: se non lavorava come poteva mantenerli?

«Andrà tutto bene, Kuba» gli aveva promesso. «Avrò il lavoro che voglio, troverò l'appartamento che voglio, e allora staremo insieme. Non vedo l'ora, conto i giorni. L'unico mio obiettivo siete voi due, avervi vicini, stare insieme, ok?» Kuba faceva di sì con la testa, accarezzava i capelli della mamma, l'ammirava con i suoi occhi grandi e il suo grande cuore.

Ciao Mikolaj.

...

Mikolaj?
Cosa?
Ti voglio bene.
Lo so, me l'hai detto.
E mi manchi così tanto.
Quando torni?
Fra tre giorni?
Sìiii!!!!

La loro storia non era unica. In Polonia c'erano almeno centomila ragazzi come Kuba e Mikolaj. C'erano interi paesini dove i bambini rimanevano con i nonni o da soli perché entrambi i genitori emigravano per lavoro in Europa occidentale. Li chiamavano euro-orfani.

Per questo Åse, una regista norvegese, era andata a casa loro con un cameraman, un tecnico del suono e un ricercatore per girare un documentario. Per la mamma, spesso rinchiusa nella solitudine, raccontare i suoi problemi era uno sfogo. Per i bambini, la troupe era una compagnia. Quando la mamma partiva, riprendevano l'ultimo abbraccio tra Kuba e la mamma davanti all'auto grigia che ogni volta se la portava via. Poi cercavano di confortare i ragazzi cenando insieme, oppure portandoli a giocare a bowling. Era il tecnico del suono che metteva a letto Mikolaj.

Ma il tempo passava. La mamma tornava, e poi di nuovo se ne andava. Racchiuso in ogni suo arrivo c'era il dolore di un imminente nuovo addio. D'inverno trovò qualche baby-sitter disposta a preparare da mangiare ai ragazzi, ma nessuna voleva restare di notte. D'estate mandò Mikolaj da un'amica e Kuba al campo estivo. Niente vacanze per lei, doveva tornare in Austria.

Ehi, Kuba, come stai?
Tutto bene.
Sono al lavoro adesso. Aspetta un secondo. "Scusi un attimo, sto parlando con il mio Jakub, mio figlio..." Quindi, dimmi, come va?
Abbiamo passato una notte terribile... la notte peggiore della mia vita.
Perché? Cosa è successo?
C'erano gli orsi fuori dalla nostra tenda.
Stai scherzando? Hai avuto paura?
Sì.
Oh, santo cielo! Caspita! Facevano rumore?
Sì un po', uno è finito contro un tronco.
Un tronco?
È inciampato su un tronco. Era una mamma orso con i suoi piccoli. Ci siamo presi uno spavento...
Immagino, è stato pericoloso, una vera e propria avventura.

La mamma aveva raccomandato a Kuba di non dire a scuola che lui e Mikolaj erano soli, ma l'amministrazione e gli insegnanti lo sapevano. Lo consideravano un ragazzo difficile e lui non faceva niente per smentire quella reputazione. Perdeva i quaderni, non portava mai i libri.

Andava in infermeria durante le lezioni di polacco, accusando un forte mal di testa.

L'hai fatto davvero?
Sì.
Non puoi continuare così. Finiranno col portarvi via da me, perché sanno che sono sola, vi cresco da sola e sono assente.
La signora dell'ufficio l'ha già detto.
Chi esattamente?
Non importa.
Dimmi di preciso che cosa ti ha detto...
Che poiché non abbiamo un tutore legale ci metteranno in un istituto.
Cos'hai detto!?
Ci sono due possibilità... o abbiamo un tutore oppure ci mandano all'orfanotrofio...
Hai visto Kuba!? Cosa cavolo stai combinando?
Mamma, l'ha detto lei! Ha detto che è sbagliato che tu te ne vada in Austria.

Fu una bella sorpresa per Kuba quando suo padre tornò a Zakliczyn. Lui e la mamma erano divorziati. Lavorava in Scozia. Ma aveva perso il posto.

Chiese di vedere i quaderni di Kuba, ma lui aveva "perso" quelli di matematica e di polacco.

Lo rimproverò perché non si rifaceva il letto come si deve. Era il suo modo per mostrare interesse per la vita di suo figlio, per cercare di dargli delle regole.

Promise che avrebbe cercato un appartamento e che sarebbe rimasto per Natale, forse anche per il compleanno di Mikolaj, che urlò di gioia. Erano tre anni che non succedeva!

Ma poi papà non trovò lavoro in Polonia. E tornò in Scozia. Promise che si sarebbero parlati via Skype. Avrebbe cercato di tornare nel giro di tre o quattro mesi, ma non poteva prometterlo, disse.

Kuba stava crollando. Il professore di informatica lo sgridò perché giocava anziché stare attento in classe. Fece scoppiare un petardo e fu denunciato per vandalismo. Il tribunale decise che un assistente sociale avrebbe monitorato la sua situazione familiare.

«Il tribunale chiede che ci sia qualcuno a casa con i ragazzi. Altrimenti ce li porteranno via. Non possiamo più vivere in questo Paese» disse il papà alla mamma. «O li porti tu in Austria o li porto io in Scozia.»

«"Sara, Sara, dobbiamo andarcene!" disse Abramo.

"Andare dove?"

"Dobbiamo andare ad Haran."

"Lasciare la nostra casa? Perché? Cosa è successo?"

"Dobbiamo dire ai servi di preparare tutto."

"È una follia. Perché dobbiamo lasciare la nostra casa?"»

Quella sera la mamma raccontò a Kuba e Mikolaj una storia della Bibbia.

«Questa storia è anche la nostra storia» spiegò. «Anche noi dobbiamo lasciare la nostra casa contro il nostro volere. Però in compenso voi potrete frequentare una nuova scuola.»

Mikolaj non voleva andarsene. «Non hai pensato che siamo polacchi e dovremmo restare qui?» diceva arrabbiato alla mamma.

Kuba invece non vedeva l'ora di partire. Così la sua famiglia, una parte di essa, almeno, avrebbe finalmente potuto vivere unita. Quella che per tanti ragazzi era la normalità, per lui era un sogno che ultimamente gli era sembrato irraggiungibile.

E un mattino lui e suo fratello salirono sull'auto grigia che di solito portava via la loro mamma. Mikolaj guardava fuori dal finestrino. Ciao casa. Ciao fiume. Ciao scuola dove mi annoiavo sempre.

Kuba, sfinito, dormiva già.

Euro-orfani

Nel 2004, quando la Polonia è diventata membro dell'Unione Europea, si è verificata la più grande emigrazione dal Dopoguerra. Almeno 100.000 bambini polacchi sono rimasti soli mentre i loro genitori partivano per l'Europa occidentale in cerca di lavoro. Il fenomeno non riguarda solo la Polonia, ma anche altri Paesi dell'Europa orientale, inclusi Ucraina, Bulgaria, Romania e Moldavia, per un totale di 500.000-1 milione di bambini che vivono senza uno o entrambi i genitori, secondo una stima delle organizzazioni non governative. La stampa li chiama "euro-orfani" o "orfani bianchi".

Il documentario *I am Kuba*, della regista norvegese Åse Svenheim Drivenes, vincitore di numerosi premi, dal quale sono tratti i dialoghi di questo racconto, rese nota la storia di due di loro. Tutte le storie si somigliano, di solito si verificano in piccoli paesi di campagna che soffrono di un alto tasso di disoccupazione. Spesso il trauma e lo stress della separazione portano a un peggioramento dei risultati scolastici, e a sentimenti di frustrazione, senso di colpa e depressione nei bambini "orfani".

A volte i soldi che i genitori guadagnano non sono sufficienti a coprire nemmeno le prime necessità per la famiglia. Ma spesso, grazie al loro lavoro all'estero, i genitori guadagnano molto di più di quanto potrebbero prendere nei loro Paesi: in Polonia il salario minimo è di 464 euro al mese, la paga lorda minima mensile per una badante in Italia è almeno il doppio. I genitori sono così in grado di acquistare e spedire giocattoli e vestiti firmati ai figli, ma a questi ultimi mancano l'affetto e la vicinanza degli adulti.

Polonia

Abitanti: 38.103.000

Superficie: 312.679 km^2

Forma di governo: repubblica semi-presidenziale

Religioni: cattolici (87,58%), non religiosi (2,41%), altre fedi o non dichiarati (10,01%)

Risorse: agricoltura (grano), industrie per la costruzione di macchinari, miniere (ferro, acciaio, carbone)

Curiosità

- È uno Stato membro dell'Unione Europea dal 1 maggio 2014.
- La Polonia afferma di avere la percentuale di cattolici più alta in Europa (a eccezione di Malta), superiore anche all'Italia.
- È uno dei Paesi che, con l'Ungheria e la Repubblica Ceca, hanno rifiutato di accettare la quota di rifugiati prevista da un piano approvato dall'Unione Europea.

SVEZIA
LETTONIA
LITUANIA
RUSSIA
Varsavia
BIELORUSSIA
RMANIA
POLONIA
Zakliczyn
REPUBBLICA CECA
UCRAINA
SLOVACCHIA
Vienna
AUSTRIA
UNGHERIA
ROMANIA
CROAZIA
SERBIA

Il grande volo

MAUD CHIFAMBA, ZIMBABWE

29 settembre 2016

Sul volto del presidente dello Zimbabwe si dipinge lo stupore.

«Ooh, ma è una ragazza.»

«Sì, Vostra Eccellenza, sono una ragazza» risponde Maud con un sorriso.

Non c'è risentimento nella sua voce, per i preconcetti di quell'uomo importante. C'è solo orgoglio, perché lei, quella "ragazza", è arrivata lì con le sue forze. Ha spiccato il volo dalle fatiche dei campi e dei lavori domestici ed è planata in un luogo dov'è possibile dedicare tutto il tempo e le energie a pensare e imparare. Non è successo in un battito d'ali: è stata dura, ma così doveva essere, Maud ne è convinta.

Maud indossa toga e tocco. È una dei tremila africani che si laureano all'Università dello Zimbabwe. Al presidente era stato riferito che tra loro c'era il più giovane studente universitario dell'Africa, che aveva appena quattordici anni quando si era iscritto all'ateneo e ne aveva compiuti diciotto prima della laurea, finendo così all'età in cui di solito si inizia. Naturalmente il presidente si aspettava di incontrare un maschio. Quando Maud, una femmina, gli si presenta davanti, le stringe la mano senza riuscire a nascondere la sua sorpresa.

Maud era nata in un villaggio nel cuore dello Zimbabwe, lontano dai famosi parchi naturali che attiravano i turisti stranieri con i safari tra leoni, leopardi, rinoceronti ed elefanti. Era cresciuta in una casa di fango con il tetto di paglia.

Per via dei capelli corti, della carnagione scura e della spiccata somiglianza con suo padre, tutti pensavano che Maud fosse un maschio. Invece suo fratello Muku, due anni più piccolo, era il bello di casa.

«Che pelle chiara! Che lineamenti delicati!» notavano tutti con ammirazione, inclusa la mamma. Maud, a confronto con il fratello, si sentiva insicura e bruttina. Ma aveva una consolazione: l'affetto di papà.

Papà faceva il soldato, il suo salario non bastava mai e aveva almeno altre due mogli e tredici figli – forse anche di più – sparsi per lo Zimbabwe. Ma per Maud era l'uomo più incredibile che avesse messo piede sulla Terra. Di sera, quando lui tornava a casa, la loro catapecchia si trasformava in un palazzo di cristallo.

«Bellissima principessa» le diceva «siediti qui, laviamoci i denti.» E come per magia scoccava l'ora più bella della giornata.

Papà le aveva insegnato che è importante alzarsi presto al mattino e andare a dormire presto la sera. Le parlava sempre come se fosse già grande, anche se aveva solo tre anni. E aveva grandi sogni per lei: uno in particolare. Quando un aereo sorvolava la loro povera casa, diceva sempre:

«Un giorno... un giorno figlia mia... sarai tu a guidare quell'aereo.»

Voleva che Maud diventasse una pilota, libera di librarsi nel cielo senza barriere. Non le raccontava favole, ma storie vere di donne potenti dai nomi maestosi e dai ruoli altisonanti, che avevano la pelle nera come la sua: Condoleezza Rice, segretario di Stato degli Stati Uniti; Jendayi Frazer, ambasciatrice americana in Sudafrica... Ripeteva a Maud che lei poteva diventare importante come loro, perché la morale di tutte quelle storie era sempre la stessa: andare a scuola è l'unico modo per diventare qualcuno. Così potrai avere una vita migliore, se lo vuoi. Come dice il proverbio: Se pensi all'anno prossimo coltiva il riso, se pensi ai prossimi dieci anni pianta degli alberi, ma se pensi ai prossimi cent'anni istruisci le persone.

In Africa si dice che una ragazza è sempre di passaggio. Le ragazze, quando si sposano, vanno a stare con la famiglia del marito, perciò c'è chi pensa che sia meglio investire nell'istruzione dei figli maschi anziché delle femmine. Ma il padre di Maud le diceva: «Non credere mai di valere di meno perché sei una ragazza».

Suo padre, però, non vide Maud stringere la mano al presidente dello Zimbabwe. Non lesse l'articolo della rivista americana Forbes che metteva la sua principessa al quinto posto nella lista delle cento giovani donne più influenti dell'Africa. Perché morì quando Maud aveva cinque anni. Una morte improvvisa per banale dissenteria, una di quelle morti evitabili e insensate che uccidono i poveri. E fu come se la siccità si fosse abbattuta sulle loro vite. Anche la mamma si ammalò e non fu più in grado di occuparsi di Maud e di Muku.

In Africa si dice che se c'è solo un piatto di cibo in casa, uno solo, prima di mangiare la madre si assicura che mangino i suoi figli. E così la mamma di Maud decise di rinunciare ai suoi bambini, affidandoli a un fratellastro grande abbastanza da far loro da padre. Lui coltivava mais e cotone in un insediamento chiamato Hunters Road: terre che il governo aveva tolto ai proprietari bianchi distribuendole ai neri dopo l'indipendenza dello Zimbabwe. Viveva in una casa di mattoni, ma senza elettricità né acqua corrente. E anche se sua moglie non trattava Maud e Muku alla pari dei suoi figli, le erano grati lo stesso per averli accolti sotto il suo tetto.

Maud e Muku dovevano aiutare nei campi. Se non lavori non mangi: questa era la regola. Da una femmina, poi, ci si aspettava più che da un maschio: toccava a Maud raccogliere la legna per accendere il fuoco e andare a prendere l'acqua per cucinare al pozzo, a tre chilometri di distanza. Era compito suo fare il bucato al fiume: altri sei chilometri. Maud accettava tutte le incombenze, ma non aveva dimenticato i sogni di suo padre. "Non temere" diceva a se stessa. "Tutto è possibile se sei pronta a pagare il prezzo."

Ogni mattina si svegliava alle 5 e, solo dopo aver lavorato nei campi, poteva andare a scuola. Doveva percorrere otto chilometri attraverso la giungla fitta e profonda. Lasciava i libri a scuola, altrimenti si sarebbero strappati lungo il cammino. Nella giungla c'erano piante selvatiche da masticare per placare la fame quando lo stomaco vuoto cominciava a brontolare. Ma c'erano anche storie spaventose su quello che poteva succedere a una bambina. Poteva essere attaccata dai babbuini, gelosi del loro territorio, che con gli incisivi aguzzi e le mandibole feroci erano in grado di uccidere anche un adulto. Poteva essere morsa dai serpenti che vivevano nel sottobosco, oppure essere rapita. O anche peggio: si diceva che due o tre persone fossero state misteriosamente assassinate nella giungla. A tutto questo si aggiungeva la paura di arrivare in ritardo a scuola: i maestri offrivano ai bambini il porridge per colazione, tutte le mattine, ma se non erano puntuali li punivano con sculacciate e botte forti sulla testa.

La scuola era un edificio precario, col tetto e le pareti di lamiera. Non c'erano sedie né un vero e proprio pavimento. I bambini in divisa si mettevano in ginocchio nel terriccio davanti alle panche di legno che usavano come banchi. Ma a Maud non importava: era al settimo cielo nella divisa bordeaux con i bordini bianchi che il fratellastro le aveva comprato in seconda elementare. C'erano tre insegnanti, inclusa la preside, per sette classi, e quindi per forza di cose gli studenti di classi diverse si ritrovavano spesso a fare lezione insieme. Fu così che, nel giorno degli esami di terza, per sbaglio il signor Vimisai le diede il test di quarta. Quando Maud lo superò a pieni voti, fu una grande festa: il maestro le regalò una barretta di cioccolato. Era la prima volta che mangiava cioccolato in tutta la sua vita: la sensazione di dolcezza che lasciava spazio all'acidità del cacao le ricordava il sapore di tante cose nella sua vita, un po' aspre anche quand'erano dolci.

L'anno dopo Maud chiese di fare gli esami di quinta, e ancora una volta prese il massimo dei voti. I maestri avrebbero potuto dire che non era il caso che saltasse un'altra classe, ma la preside sentenziò: «Noi ti daremo questa possibilità, ora tutto dipende da te, non hai niente da perdere». La mamma, invece, non era per niente convinta. Sempre più malata, nella solitudine della sua casa, immaginava che fossero stati parenti e insegnanti a mettere in testa a sua figlia assurde ambizioni. Perché studiare così tanto se era ancora nell'età dei giochi?

«È troppo, è troppo!» diceva, arrabbiandosi. Maud non la contraddiceva, ma non cercava la sua approvazione: in cuor suo sapeva cosa voleva e non avrebbe mollato. Non sempre gli adulti ti appoggiano come vorresti, ma bisogna avere pazienza. Come dice il proverbio: Con la pazienza e col tempo la foglia di gelso diventa seta.

Purtroppo però la fattoria del fratellastro non rendeva: la pioggia era scarsa, il raccolto pessimo, non riuscivano più a sopravvivere. Una notte, quando Maud era all'ultimo anno delle elementari, tutta la famiglia andò alla stazione: finsero di dover prendere un treno per la città vicina, in modo da poter dormire al riparo della sala d'attesa. Passarono là una settimana intera: non sapevano dove altro andare. Poi il fratellastro di Maud cominciò a vendere mercanzia per strada, in modo da pagare l'affitto. Anche lei e Muku davano una mano rivendendo biscotti e dolcetti ai passanti, ma mentre suo fratello accettava la loro nuova vita con spensierato buonumore, lei se ne vergognava.

Il suo fratellastro non poteva permettersi di mandarla alla scuola secondaria, ma racimolò i soldi per comprarle i libri, in modo che potesse studiare e sostenere gli esami da esterna. Ogni mattina alle tre Maud era già china sui libri, perché più tardi doveva dedicarsi ai lavori di casa.

Finì le superiori in due anziché in quattro anni. Appena quattordicenne le offrirono una borsa di studio e un posto all'università di Harare. Che corso di laurea frequentare? Facile: Contabilità. Il suo fratellastro continuava a fallire negli affari, perché non sapeva far bene i conti. Lei gli avrebbe dato una mano e, col tempo, sarebbe diventata un'imprenditrice, una donna d'affari con la sua azienda di successo. All'inizio essere la più piccola dell'università la metteva un po' a disagio. Era sempre al centro dell'attenzione. Ma presto trovò la sua routine: si svegliava alle tre del mattino, tutti i giorni a eccezione del sabato, studiava fino alle sei e poi, se aveva l'energia, andava a correre prima dell'inizio delle lezioni. Quando finiva, alle sei del pomeriggio, passava un'oretta con Muku o con degli amici, anche se non ne aveva molti. Aveva avuto un fidanzato, ma si erano lasciati perché quella relazione richiedeva troppo tempo e attenzione e lei non voleva sacrificare il suo sogno. Studiava fino alle nove di sera, poi andava a dormire. Solo quando non c'erano esami da affrontare, si concedeva qualche serie TV, specialmente quelle su crimini e investigatori. Così il giorno della laurea era arrivato in un battibaleno.

Una laurea in Contabilità non era esattamente il sogno di suo padre. Ma era il primo passo del sogno di Maud. Il suo volo era appena iniziato, l'avrebbe portata in territori inesplorati, ma sapeva con certezza una cosa: la sua vita non era il prodotto delle circostanze ma delle sue decisioni, umili e gioiose, e del duro lavoro, consumato nella notte, mentre il resto del mondo dormiva.

L'istruzione delle ragazze

L'istruzione è un diritto sancito da convenzioni internazionali attraverso la scuola primaria obbligatoria per tutti e lo sviluppo di una scuola secondaria accessibile, senza discriminazioni. Secondo l'Unesco, 264 milioni di bambini e ragazzi nel mondo non vanno a scuola. Le ragazze sono più svantaggiate: solo il 66% dei Paesi ha raggiunto la parità nell'istruzione primaria. Nel mondo, l'Africa sub-sahariana ha il tasso più alto di esclusione scolastica. Un bambino su cinque tra i 6 e gli 11 anni non va a scuola. Lo stesso vale per uno su tre adolescenti tra i 12 e i 14 anni. È più frequente che le ragazze restino a casa, perché da loro ci si aspetta che aiutino le madri nei campi, a prendere l'acqua e raccogliere la legna, a preparare il cibo e prendersi cura di bambini e anziani: questo – insieme a matrimoni precoci, povertà, assenza di scuole e insegnanti nelle zone rurali – ostacola il loro accesso all'istruzione.

In Zimbabwe, prima dell'indipendenza nel 1980, quando il Paese si chiamava Rhodesia, era in vigore una segregazione razziale simile all'apartheid del Sudafrica. La discriminazione dei neri si applicava anche nell'accesso all'istruzione: in questo modo gli africani venivano tenuti in posizione subordinata rispetto ai colonizzatori bianchi. Dopo l'indipendenza, il presidente Mugabe è stato accusato di avere distrutto l'economia e costretto i bianchi a emigrare; nel 2006 il Paese ha raggiunto il triste primato dell'aspettativa di vita più bassa del mondo. L'istruzione è un diritto sancito dalla Costituzione, è gratuita e obbligatoria e lo Zimbabwe ha uno dei tassi di alfabetizzazione più alti in Africa (90%), ma anche qui la partecipazione femminile scende alle scuole superiori e all'università: alla fine del percorso universitario arrivano in media 20 ragazze ogni 80 ragazzi. La mancanza di istruzione femminile provoca rischi maggiori di gravidanze durante l'adolescenza, di diffusione dell'Aids, e alimenta il ciclo della povertà.

Zimbabwe

Abitanti: 16.150.362

Superficie: 390.757 km^2

Forma di governo: repubblica presidenziale (ufficialmente), dittatura militare sotto una repubblica presidenziale (di fatto)

Religioni: cristiani (87%), religioni tradizionali (3,8%), musulmani (0,9%), altre fedi o non dichiarati (8,3%)

Risorse: tabacco, miniere

Curiosità

- Robert Mugabe è stato premier e poi presidente dello Zimbabwe dal 1980 fino al golpe del 2017.
- 2000: anno a partire dal quale lo Zimbabwe ha strappato la maggior parte delle fattorie ai bianchi ridistribuendole a proprietari neri, inclusi amici del presidente, ex combattenti e gente priva di competenze in agricoltura.
- Tra il 2000 e il 2008 la produzione di tabacco, la principale esportazione (soprattutto verso l'Europa), si è ridotta del 79%, ma poi ha ripreso vigore grazie anche al mercato cinese.

ZAMBIA
Harare
Gokwe
ZIMBABWE
BOTSWANA
MOZAMBICO
SWAZILAND
SUDAFRICA
LESOTHO
Oceano
Indiano

Consigli di bellezza

RESHMA QURESHI, INDIA

9 settembre 2016

«Ciao a tutte, sono Reshma Qureshi» dice la ragazza con voce festosa, salutando con la mano. «E sono qui per insegnarvi come avere labbra rosse perfette» continua parlando in hindi sullo sfondo della sua cameretta, con quadretti alle pareti, libri e pupazzi sugli scaffali.

«Cominciate spazzolando le labbra.» Tira fuori uno spazzolino. «Serve a rimuovere le pellicine.»

«Poi applicate il burro cacao, in modo che il rossetto non si asciughi. Usate una matita dello stesso colore del rossetto per definire il contorno. Ora applicate il rossetto, solo sulle labbra, non sui bordi. Perfetto no?»

«E infine l'informazione più importante: acquistare un rossetto rosso è facile. Facile quanto comprare l'acido concentrato. Per questo ogni giorno una ragazza è vittima di un attacco con l'acido.»

Proprio quel che è successo a Reshma.

Prima era la figlia di un tassista di Mumbai, studiava per diventare insegnante, amava il rossetto e i film di Bollywood con Katrina Kaif. Ora dà consigli di bellezza su YouTube, e alla fine di ogni tutorial le sue parole si soffermano su se stessa. Il naso, la bocca, tutti i lineamenti del suo viso sono deformati da cicatrici profonde, e dall'occhio sinistro non vede più. Al termine di ogni video, Reshma invita a firmare una petizione per vietare la vendita di acido nel suo Paese, l'India.

I suoi video sono diventati virali: centinaia di migliaia di visualizzazioni in tutto il mondo.

Tanto che a un certo punto Reshma è stata invitata a New York.

Con le gambe accavallate, in un elegante abito rosa con un colletto a volant ha posato per gli scatti di una fotografa americana. Poi una giornalista le ha chiesto di raccontare la sua storia.

È successo una mattina di maggio… mia sorella Gulshan e io avevamo preso il treno per Allahabad, nello stato dell'Uttar Pradesh, andavo a sostenere un esame.

Quella mattina di maggio, era il 2014, Reshma si sentiva così bella. C'erano stati i preparativi di un matrimonio in famiglia e lei adorava le feste: cercava sempre di convincere sua sorella Gulshan e la mamma Khusnoma a comprare sari nuovi. Per l'occasione si era fatta lisciare i capelli e aveva acquistato dei trucchi. Ma gli ultimi mesi erano stati difficili perché un altro matrimonio, quello di Gulshan, era fallito: sua sorella aveva lasciato il marito che la picchiava, chiedendo il divorzio e portando con sé la figlia di due anni. Il figlio maschio di cinque anni doveva apparire in tribunale per scegliere con quale genitore andare a vivere, ma il padre l'aveva rapito. Lei, con l'appoggio della famiglia, lo aveva denunciato alla polizia.

Arrivate alla stazione, mentre ci incamminavamo verso il centro dove si teneva l'esame, ho visto l'ex marito di Gulshan avvicinarsi con altri due uomini. Lei si è accorta che aveva in mano una bottiglia aperta piena di un liquido trasparente, e che puntava verso di me.

L'uomo aveva vissuto a lungo con loro e sapeva che Reshma era la piccola di casa, la più coccolata. Era lei l'obiettivo. Colpendola, voleva vendicarsi, distruggere la famiglia.

«Reshma, corri!» ha gridato mia sorella cercando di strappargli la bottiglia. Parte dell'acido le si è versato sulla mano, bruciandola. Io sono corsa via, ma mi hanno inseguita. Uno mi ha bloccato, l'altro mi ha tenuto ferme le mani, il terzo mi ha versato l'acido in faccia. Non capivo cosa mi stesse succedendo. Sapevo solo che il dolore era insopportabile. Credevo di morire. Mia sorella e io piangevamo forte, ma nessuno ci ha aiutate. La stazione dei treni era piena, ma la gente è rimasta a guardare.

Un motociclista si fermò per soccorrerle, le fece salire a bordo. L'acido che gocciolava dalla faccia di Reshma era così potente che gli bruciò la schiena.

Ci ha portate alla stazione di polizia locale, dove gli agenti hanno impiegato un sacco di tempo a scrivere la mia denuncia. Poi siamo andati all'ospedale di Allahabad. Anche qui la polizia voleva la mia testimonianza. Un dottore ha avuto la gentilezza di chiedere agli agenti di farlo dopo. Io stavo svenendo.

Sembrava l'inferno. Mentre Reshma aspettava, i cadaveri che arrivavano in barella, vittime di altri incidenti, venivano allineati accanto a lei. Le prestarono assistenza dopo sette ore di attesa. A quel punto aveva già perso la vista dall'occhio sinistro. Non riusciva nemmeno a chiudere gli occhi: le palpebre erano diventate troppo sottili e tese.

Suo padre, Zahir, che faceva il tassista, e suo fratello Aizaz chiesero un prestito a parenti e amici per ricoverarla in un ospedale privato per due mesi. Una delle palpebre le fu rimossa chirurgicamente.

Tornarono a Mumbai, dove in dieci dividevano un appartamento di due stanze. La portarono in un altro ospedale. In sette mesi, avevano speso cinquecentomila rupie (seimila euro) in interventi chirurgici, e ne servivano almeno altre centoventimila. Non avevano ricevuto un soldo dal governo, nonostante la Corte Suprema – il più alto tribunale – avesse ordinato alle autorità di indennizzare con trecentomila rupie ogni vittima di attacchi con l'acido. Intanto, l'ex marito di Gulshan era stato arrestato, ma i due complici erano scappati.

Poi un giorno trovai il coraggio di guardarmi allo specchio, e vidi il volto di una persona che non conoscevo. Una faccia distorta e spaventosa mi fissava dall'altro lato. Corrosa, bruciata, priva di un occhio. Svenni. «Perché io? Aisa mere saath kyun hua Allah? *Perché è successo a me, Dio?» mi chiedevo.*

Di giorno non usciva più di casa, non parlava con nessuno. Due ragazze si sposarono nel quartiere: lei che amava tanto le feste non volle andare alle nozze. Teneva il viso coperto. *Log bas ghoorte rehte they.* La gente mi fissa, diceva. Voleva nascondere il suo dolore.

Di notte le sembrava di avere la pelle in fiamme: un dolore insostenibile, e l'odore era anche peggio. Papà usò gli ultimi risparmi per comprare un condizionatore, nel tentativo di darle sollievo. La mamma le spalmava creme sul viso, per cercare di alleviare il bruciore. Non chiudevano occhio, per paura che Reshma tentasse di togliersi la vita. Ci aveva già provato tre volte.

Un giorno suo fratello trovò il numero di telefono di un'associazione chiamata *Make Love Not Scars* (Fate l'amore non gli sfregi). Incontrarono Ria Sharma, una ragazza che aveva studiato in Gran Bretagna: era tornata in India per girare un documentario sugli attacchi con l'acido, ma poi era rimasta e aveva fondato un'organizzazione per aiutare le donne sfregiate.

«Ricordo solo che ci siamo abbracciate per ore. Non ci siamo scambiate parole, solo lacrime» dice Reshma alla giornalista.

Ria spiegò che se il governo non l'aiutava, avrebbero usato Internet. Tramite un sito di crowdfunding, cioè per raccogliere fondi, Ria chiese a tutto il mondo di aiutare Reshma e la sua famiglia a sostenere il costo degli interventi chirurgici. E gli aiuti arrivarono.

Le operazioni non le restituirono la bellezza di una volta, ma almeno smise di coprirsi il volto, di 'essere prigioniera delle sue paure.

«È chi ti ha attaccata che dovrebbe vergognarsi, non tu. Tu non hai niente da nascondere» le insegnò Ria. Le mostrò le foto di ragazze in condizioni anche peggiori, a volte ripudiate dalle loro stesse famiglie, che davano loro la colpa per l'accaduto.

«Devi lottare, anche per loro. *Doosron ke liye kuch karne se sachchi khushi milti hai.* Trovi la vera felicità quando fai qualcosa per gli altri.»

«Ciao a tutte» saluta Reshma in un altro video, in cui indossa una camicetta a pois con colletto rotondo. «Oggi vi insegnerò come mettere l'eyeliner. Piegate leggermente la testa e guardate in basso in modo che gli occhi siano rilassati: così applicarlo sarà più facile. Tenete il pennello obliquo, e usatelo così, con piccoli tratti» spiega truccando con precisione l'unica palpebra che ha. «Fatelo piano, più volte. Siete pronte?»

E infine l'informazione più importante: «Un eyeliner

costa 100 rupie, ma sapete che l'acido concentrato ne costa appena 30?»

Sono passati due anni dall'attacco, quando Ria chiama Reshma nel suo ufficio per mostrarle un'immagine sul computer portatile.

«Riconosci questo posto?»

«È una città piena di grattacieli. Dubai?» prova Reshma.

«No. Ritenta, dai.»

«L'America?»

«Sì! Ci sarà una grande sfilata di moda a New York. E tu sfilerai in passerella!»

Reshma sorride, ma poi all'improvviso si nasconde il viso tra le braccia. Le lacrime scorrono incontrollabili. New York! Nella sua testa passano mille immagini. Ha visto una sfilata in TV una volta, e un'altra volta in un hotel a cinque stelle di Mumbai. Ma non ha mai lasciato l'India, nemmeno per un breve viaggio. Ha mangiato sempre e solo cibo indiano. Le hanno detto che Times Square è aperta 24 ore su 24: chissà com'è possibile. No, non ha paura. Ma non riesce a smettere di piangere.

«Sei pronta?»

Il grande giorno è arrivato. Reshma non ha dormito affatto nel lungo viaggio intercontinentale, ed è un po' stordita. Indossa un abito lungo color crema con bande dai colori brillanti, come la sua India. I capelli, neri e folti come quelli di Katrina Kaif, sono raccolti in uno chignon e una coroncina le brilla sulla fronte. Quando anche il trucco è a posto, Reshma si mette in fila dietro le altre modelle.

«Pronta» sussurra.

Per un attimo stringe il braccio di un assistente di passerella, poi lo lascia andare. Cammina con grazia, scalza, con le mani sui fianchi, fino all'estremità della passerella, tra gli applausi che sovrastano la musica dance di sottofondo.

Stare sotto i riflettori è come guardarsi allo specchio. Ma lo specchio non è più crudele, perché Reshma ha imparato a vederci chi è lei veramente.

«Tutto è cambiato per me» spiega alla giornalista. «Sono una persona diversa. Sono dovuta cambiare. E voglio dire al mondo: anche se ho questo aspetto, posso fare tante cose. Non siamo vittime, siamo sopravvissute. Siamo stanche di essere ignorate o fissate, di essere giudicate per il nostro aspetto. Molte di noi sono istruite, ma non hanno lavoro. Non abbiamo bisogno di compassione, ma di un impiego. Ora tocca al mondo cambiare.»

Chi l'ha attaccata ha cercato di distruggerla deturpando quello che la società considera una delle cose più importanti in una donna: la bellezza. Ma Reshma è molto più di questo. Adesso si sente coraggiosa. Si sente bella.

Gli attacchi con l'acido in India

Attacchi con l'acido come quello subito da Reshma sono stati registrati in molti Paesi del mondo (anche in Italia, qualche volta), ma sono particolarmente diffusi in Asia meridionale, dove l'acido (di solito solforico o nitrico) si trova con grande facilità, perché viene usato nelle industrie del cotone, della gomma e dei gioielli. Di solito chi attacca una persona con l'acido non vuole ucciderla, ma distruggerne l'identità, sfigurarla e condannarla a una vita di sofferenze. In India gli attivisti stimano che ogni anno mille persone subiscono attacchi simili, soprattutto donne. La maggioranza dei casi avvengono per vendetta, perché una donna ha rifiutato un uomo. Molte non denunciano i colpevoli perché sono spesso loro parenti o perché hanno paura del giudizio della società. Nel 2013 sono state approvate leggi severe contro questo crimine, che però non sempre vengono applicate. I colpevoli rischiano da dieci anni di carcere fino all'ergastolo, ma i processi spesso durano molti anni. Inoltre, anche se la Corte Suprema ha cercato di limitare l'acquisto di acido vietandolo ai minorenni e ordinando di registrare ogni vendita, di fatto continua a essere venduto sottobanco a prezzi bassissimi. La situazione potrebbe cambiare rendendolo meno accessibile e applicando le leggi esistenti con rigore, come cerca di far capire la campagna online lanciata da Reshma con l'organizzazione *Make Love Not Scars*.

India

Abitanti: 1.339.180.127

Superficie: 3.287 km^2

Forma di governo: repubblica federale parlamentare socialista e laica

Religioni: hindu (79,8%), musulmani (14,2%), cristiani (2,3%), sikh (1,7%), buddhisti (0,7%), giainisti (0,4%), altri (0,9%)

Risorse: settore dei servizi (tecnologie informatiche e software), manifatturiero, agricoltura

Curiosità

- È la più grande democrazia del mondo (in termini di popolazione).
- Bollywood, l'industria cinematografica indiana, è la più grande del mondo, con una produzione di 364 film in un anno nel 2017.
- È l'unico Paese al mondo che ha leoni, tigri, orsi, lupi, rinoceronti, elefanti e pantere.

TAGIKISTAN
CINA
FGHANISTAN
PAKISTAN
Nuova Delhi
NEPAL
BHUTAN
Allahabad
BANGLADESH
INDIA
MYANMAR
Mumbai
Oceano
Indiano
SRI LANKA

Il simbolo della rivoluzione

HAMZA ALI AL-KHATEEB, SIRIA

29 aprile 2011

Hamza e Omar passeggiavano per le strade del loro piccolo paese, Al Jeezah, nel sud della Siria, quando videro un gattino affamato. Hamza lo prese in braccio, lo strinse al petto e lo baciò. Decise di adottarlo, come era solito fare con ogni creatura indifesa in cui si imbatteva.

«Mamma, prenditi cura di lui fino al mio ritorno» disse, dopo essere tornato a casa e aver sfamato il gattino. Poi portò il cucciolo nella colombaia che avevano sul tetto di casa.

«Questo è il nostro nuovo ospite. Ve lo affido fino al mio ritorno dalla manifestazione» disse ai piccioni domestici.

Ma Hamza non tornò mai più. Il 28 aprile fu l'ultimo giorno felice che i due fratelli di 13 e 16 anni passarono insieme.

Hamza frequentava la prima media, e gli piaceva moltissimo giocare a calcio. Da grande sognava di fare il calciatore e guardava tutte le partite europee: la sua squadra del cuore era il Real Madrid, il suo eroe Cristiano Ronaldo. L'unica cosa che Hamza amava quanto lo sport era salire nella colombaia: restava per ore con il mento all'insù a osservare i piccioni mentre spiccavano il volo, lanciandosi a capofitto e sollevandosi tutti insieme nel cielo. Se aveva una paura a questo mondo era proprio di perdere i suoi piccoli amici, che dormivano riparati sotto il tetto, ma erano liberi di volare via quando volevano, e dei quali si occupava con grandissima cura.

Hamza aveva un cuore d'oro. Chiedeva sempre ai genitori di dargli qualche soldo da donare ai poveri. Una volta voleva dare a qualcuno 100 sterline siriane (due dollari), ma i suoi genitori gli avevano detto che era troppo. Alla fine, li aveva convinti: «Noi abbiamo un letto dove dormire e cibo da mangiare, mentre quell'uomo non ha niente».

Il 29 aprile, Hamza aveva un impegno importante: una manifestazione per Daraa.

La vicina città di Daraa era sotto assedio da giorni, circondata dai carri armati dell'esercito del presidente della Siria, Bashar Al Assad. Gli abitanti erano costretti a sopravvivere senza acqua né luce, tagliate dalle autorità per punizione perché avevano osato protestare per l'arresto di un gruppo di ragazzi più o meno dell'età di Hamza. La colpa di quei ragazzi era di aver scritto su un muro della scuola: ADESSO TOCCA A TE, DOTTOR BASHAR AL ASSAD. Avevano osato suggerire che il regime doveva cadere, una cosa intollerabile per il presidente. E così erano finiti in manette, e alcuni di loro non erano più tornati a casa: i carcerieri avevano detto ai loro genitori che non c'erano più. «Andate a fare altri figli, se volete.»

La gente di Daraa infuriata scese in piazza. Prima chiesero la liberazione dei ragazzi, poi più libertà e diritti, infine la caduta del regime. Le autorità risposero con i cannoni ad acqua e i lacrimogeni. Dapprima alternarono il pugno duro alle promesse di giustizia, ma alla fine spararono sulla folla. Questo però non fermò la gente di Daraa. Ogni funerale diventò una nuova protesta, la rabbia continuava a crescere.

Dato che c'erano solo tre anni di differenza tra loro, Hamza e Omar erano molto uniti e si raccontavano tutti i loro segreti e i sogni per il futuro. Ogni tanto uscivano insieme, Hamza accompagnava Omar dai suoi amici nel quartiere. A volte andavano a nuotare vicino a casa, in una piscina di proprietà di alcuni parenti. Quel 29 aprile però, Hamza andò alla marcia per Daraa senza il fratello. Centinaia di persone dai villaggi vicini vi presero parte. I manifestanti portavano pane e latte per i bambini. Non la consideravano una vera e propria protesta, non gridavano «Abbasso il regime!», ma chiedevano la fine dell'isolamento della città. A Hamza la politica non interessava. Come Omar, sapeva che i ragazzi di Daraa erano stati arrestati solo per aver scritto con lo spray una frase contro il presidente... ma non la considerava una ragione sufficiente per aver paura. Forse non si rendeva conto di quanto fosse pericoloso criticare o contestare in qualunque modo il regime di Al Assad.

Appena i manifestanti arrivarono a Saida, un villaggio alla periferia di Daraa, i cecchini del regime cominciarono a sparare. Nessuno sapeva dove cercare riparo. Hamza e altri corsero dentro il palazzo più vicino e si nascosero nel seminterrato, finché i soldati arrivarono e li arrestarono tutti.

Dopo quella manifestazione, i familiari cominciarono a cercare il ragazzino dappertutto. Non sapevano dove fosse, non riuscivano a trovarlo.

E un mese dopo la sparizione seppero che Hamza era morto. Per i suoi genitori fu un terribile trauma, un dolore insopportabile.

I parenti, gli amici e i vicini non permisero alla mamma di guardare il suo corpo. Non volevano che vedesse i segni delle torture. Così lei vide solo la faccia di suo figlio.

Dissero anche al padre di non guardarlo, ma l'uomo insistette.

Poi andò a incontrare il presidente Al Assad nel suo palazzo di Damasco, e apparve anche in televisione. Il regime lo aveva invitato perché non voleva che il funerale di quel bambino si trasformasse in una nuova protesta.

Il padre di Hamza, che dopo avere a lungo lavorato in Kuwait, facendo tanti sacrifici per mantenere una numerosa famiglia, si era visto strappare brutalmente uno dei figli più piccoli, sperò di poter salvare la vita di altri giovani siriani. Così dagli schermi televisivi dichiarò che gli era stata promessa giustizia per la morte di Hamza: i colpevoli sarebbero stati puniti. Chiese al presidente anche di liberare gli altri prigionieri, di farlo per Hamza.

Ma nessuno fu liberato, e nessuno fu arrestato e accusato della morte del bambino.

Per cercare di placare le critiche, un medico governativo sostenne che Hamza non era stato torturato, ma trovato già morto, e che non era un bambino, ma un uomo di vent'anni, un facinoroso in mezzo a una folla armata. La reazione generale fu di rabbia.

Il funerale di Hamza si trasformò in una manifestazione enorme, la più grande di tutta la rivoluzione siriana.

Il suo nome e la data del suo martirio furono scritti sulla sua tomba, e il regime bombardò pure quella, cancellando l'iscrizione.

Alcuni dissero che, uccidendo un bambino come lui, il governo aveva voluto mostrare di essere disposto a tutto pur di soffocare la rivoluzione. Gli anni passarono, uno dopo l'altro, e il mondo restò a guardare la Siria dilaniata dalla guerra.

All'inizio c'era la paura dei manifestanti di essere uccisi o arrestati dai soldati: bastava essere simpatizzanti della rivoluzione per fare una brutta fine. Poi il regime trasformò la rivoluzione in una guerra contro tutti i siriani nelle città in mano ai ribelli, bombardando la popolazione civile e distruggendo le case, assediandoli e lasciandoli senza cibo, acqua e medicine, senza elettricità e scuole, in modo che una cosa sola restasse: il terrore.

La guerra continuò per tanto, tanto tempo. Ma Omar rifiutò di lasciare il paesino di Al Jeezah. Ora le sue passeggiate non lo portano più nelle strade del centro in cerca di gattini ma fino al cimitero, alla lapide spezzata di suo fratello.

I bambini e la guerra in Siria

La guerra in Siria è cominciata nella primavera del 2011 come una rivoluzione pacifica contro il regime del presidente Bashar Al Assad, ma il regime ha sparato contro i manifestanti, centinaia di siriani sono morti e migliaia sono stati arrestati. Quasi subito sono nati numerosi gruppi di ribelli armati che da allora sono coinvolti in una guerra civile per rovesciare Al Assad: all'inizio erano formati soprattutto da soldati scappati dall'esercito e membri della società civile, ma con l'avanzare della guerra sono stati uccisi o incarcerati, e così molti dei gruppi rimasti a combattere sono islamisti radicali.

Ma a sua volta la guerra civile è diventata una guerra per procura, un conflitto di dimensioni globali che si svolge in Siria, perché i ribelli e il regime sono stati appoggiati da Paesi diversi come gli Stati Uniti e l'Arabia Saudita (contro Al Assad) e la Russia e l'Iran (dalla parte di Al Assad), e perché sono coinvolti anche i curdi (alleati degli Stati Uniti che combattono per la loro autonomia e contro l'Isis), la Turchia (contro i curdi), Israele (che lancia raid aerei in Siria) e infine l'Isis, il gruppo islamista fanatico che ora ha perso quasi tutto il territorio che controllava ma può essere ancora una minaccia.

I bambini e i ragazzi sono stati tra le prime vittime, sia del regime di Assad che dei gruppi estremisti. È impossibile dire con esattezza quanti bambini sono morti in Siria. Secondo una stima almeno 14.000 sono stati uccisi tra il 2011 e la fine del 2017 da cecchini, mitragliatrici, missili, granate, bombe, armi chimiche; e più di cento sotto tortura. Altri come Aylan Kurdi, 3 anni, sono affogati mentre cercavano di scappare sui barconi. Altri ancora sopravvivono nonostante i gravi traumi, come Omran Daqneesh, 5 anni, estratto dalle rovine della sua casa bombardata. Entrambi questi bambini sono conosciuti in tutto il mondo per le immagini pubblicate dai media: il primo, disteso senza vita sulla battigia della spiaggia, è diventato un simbolo di ciò che accade quando i migranti provenienti dal Medio Oriente e dall'Africa non ricevono aiuto; il secondo, ferito, smarrito e coperto di polvere, è seduto all'interno di un'ambulanza subito dopo il salvataggio.

Siria

Abitanti: 18.284.207 (nel 2011 prima dell'inizio della guerra erano 23 milioni)

Superficie: 185.180 km^2

Forma di governo: Repubblica semi-presidenziale (di fatto regime totalitario nelle mani della famiglia Al Assad)

Religioni: musulmani sunniti (70,1%), alauiti (11,2%), cristiani (10,2%), musulmani sciiti (3,2%), drusi (3,1%), altri (2,2%)

Risorse: agricoltura (cotone, frutta, verdura) e petrolio

Curiosità

- 11 milioni di siriani hanno dovuto lasciare le loro case dal marzo 2011, rifugiandosi all'estero o in altre parti del Paese.
- Per 50 anni circa (dal colpo di stato del 1970) la famiglia del presidente Bashar Al Assad e il partito Ba'ath hanno controllato con pugno di ferro il Paese.
- Tartous in Siria è l'unica base militare russa al di fuori dell'ex Unione Sovietica.

TURCHIA
SIRIA
PRO
LIBANO
Damasco
Daraa
Al Jeezah
IRAQ
PALESTINA
ISRAELE
GIORDANIA
GITTO
ARABIA
SAUDITA

Imparare a cadere

MILLIE KNIGHT, REGNO UNITO

28 marzo 2018

Non c'è niente come l'aria di montagna. Niente come la sensazione di svegliarsi al mattino sapendo che ti aspetta una giornata di allenamento di sci di velocità, immaginando che farà piuttosto freddo, che il cielo sarà azzurro e la neve compatta.

Mi chiamo Millie Knight e sono una sciatrice paralimpica. L'ultima volta che ho scritto su questo blog è stato prima dello slalom, che si è tenuto nell'ultimo giorno delle Paralimpiadi invernali del 2018 a PyeongChang.

Non c'è niente come sciare, è una cosa totalmente unica. Io ho l'8% circa di visione dall'occhio sinistro, soprattutto periferica, mentre nell'occhio destro vedo solo luci. Vedo fino a una distanza di circa due-tre metri, ma in modo sfocato, e senza la percezione della profondità e della distanza tra le cose. Perciò la mia vita quotidiana è piuttosto lenta e limitata: non posso guidare, ho bisogno di aiuto in tutto... Ma nel momento in cui aggancio gli scarponi agli attacchi degli sci sono io al comando, sono io che controllo dove vado e a quale velocità. La velocità è folle, e la sensazione stupenda.

Ci vuole fegato per lanciarsi giù da una montagna a 115 chilometri l'ora, e tutti mi chiedono sempre se ho paura. «No» rispondevo una volta, «perché non puoi aver paura di quello che non vedi.» In gara penso solo a quello che devo fare. E farei qualsiasi cosa per arrivare alla fine della discesa più in fretta seguendo la guida che scia di fronte a me. Vedo a tratti la luminosità della sua giacca arancione e abbiamo microfono e auricolari Bluetooth per comunicare.

A parte i noiosi appuntamenti in ospedale, non ricordo nulla di quando ho perso la vista, a sei anni, a causa di un'infezione. Mia madre Suzanne ha tentato di ridurre il più possibile lo stress. Non ne abbiamo mai parlato come di una cosa negativa e non lo facciamo nemmeno adesso. Non mi ha mai trattato diversamente e non lo hanno fatto nemmeno i miei insegnanti e penso che tutto questo mi abbia aiutato a diventare una persona indipendente. Perciò non cambierei nulla della mia vista, nemmeno se ci fosse una cura un domani. La mia vista mi ha reso quella che sono oggi. Perciò mi ritengo fortunata.

Ho imparato a sciare proprio a sei anni, dopo aver perso la vista. Ricordo l'eccitazione mentre percorrevamo in auto la strada ventosa di montagna verso l'hotel, l'aria fredda sul viso, la sensazione della neve sotto i piedi. Mia madre mi ha iscritta alla scuola di sci a Tignes in Francia. Ma non ha detto che non ci vedevo, altrimenti probabilmente non mi avrebbero accettata. Seguivo l'istruttore ed ero così competitiva con gli altri! «No, no, devo esserci io davanti, ho bisogno di vedere l'istruttore.» Non ero consapevole di farlo per vedere dove andavo, ma pensandoci adesso il mio comportamento ha più senso. Seguivo la persona che mi precedeva, proprio come faccio adesso con la mia guida.

Una volta mia madre non riusciva più a trovarmi. Mi ha raccontato che era in fila per lo skilift e ha chiesto a un signore se poteva passare davanti a lui: «Devo ritrovare mia figlia che è cieca». Ma l'uomo si è voltato e le ha risposto che una persona cieca non dovrebbe sciare, che non è giusto e non è sicuro. Questa storia mi ha acceso il fuoco dentro: essere cieca… perché dovrebbe essere un problema? Penso che sia stato quello il momento in cui ho deciso che avrei sciato per il resto della mia vita. «Mamma è quello che voglio fare» le ho detto. Ma lei lo sapeva già.

A dodici anni mi sono unita alla squadra britannica di sci per disabili. La cerimonia di apertura delle Paralimpiadi di Londra nel 2012 è stata la mia ispirazione. Guardavo gli atleti sfilare: «Wow, la prossima volta voglio esserci anch'io». È stato allora che è nato il mio sogno di vincere una medaglia d'oro alle Paralimpiadi di PyeongChang.

A tredici anni ho partecipato alla mia prima gara internazionale, con mia madre come guida. È stato con lei che ho vinto la prima medaglia, ma ben presto sono diventata troppo veloce, rischiavo continuamente di superarla. L'ascesa fino a PyeongChang è stata così rapida che i miei piedi non hanno più toccato terra. A 15 anni sono stata la più giovane atleta britannica a partecipare alle Paralimpiadi di Sochi. Ho ricevuto la telefonata a scuola, il giorno del mio compleanno: potete immaginare un regalo migliore? Mi hanno mandato otto borse con il kit della squadra britannica: era come se fosse di nuovo Natale. Sono andata a Sochi senza aspettative, solo per sperimentare i Giochi. Mi hanno anche scelta come portabandiera. Spesso mi chiedono come mi sono sentita: è stato un onore incredibile, ma ero un po' nervosa. A quell'ora di solito sono già a letto e avevo passato la giornata a rispondere alle domande dei giornalisti tra gli scatti dei fotografi... ero sfinita! La bandiera era pesante e non capita tutti giorni di entrare in uno stadio con mezzo milione di spettatori e il presidente Putin che ti saluta con la mano. Non avevo avuto il tempo di considerare l'enormità di tutto questo. Continuavo a chiedermi: «Che cosa ci faccio qui?». Mi sembrava che stesse succedendo a qualcun altro, o meglio temevo che qualcuno avrebbe scoperto che non avrei dovuto essere lì, che era stato tutto un errore! Ed era difficile essere la più giovane della squadra. Non avevo visto granché mia madre nel mese di allenamento né durante i Giochi. Ma un paio di membri della squadra mi presero sotto la loro ala protettiva e si assicuravano che fossi OK.

Da allora le cose sono molto cambiate: ora ho una squadra di allenatori, fisioterapisti e manager. I miei allenatori hanno capito che avevo buone prospettive e talento, e a quel punto ho cominciato a cercare una guida più permanente, con esperienza di gare, una persona abbastanza brava sugli scii da essere in grado di guardarsi alle spalle e parlare con me. La guida è la cosa più importante, nelle mie gare. Ti parla costantemente, descrive tutto quello che vede di fronte a sé, com'è il terreno, com'è la neve, com'è la pista, e tu dici se siete troppo vicini o troppo lontani, troppo lenti o troppo veloci, e tutto questo in poche frazioni di secondo. Perciò deve esserci una fiducia assoluta.

Ho cambiato tante guide prima di Brett Wild, che ha 25 anni e fa parte della Marina Reale. Durante la sua settimana di prova, ha anche sciato con un paio di occhiali che ho fatto io per simulare la mia vista, con lo scotch nero che copre tutto tranne la visione periferica. Ci sono cose che puoi spiegare solo fino a un certo punto a parole.

Insieme, abbiamo cominciato subito a vincere medaglie. Brett dice sempre che il suo obiettivo è di farmi scendere dalla montagna in modo sicuro, ma anche il più rapidamente possibile.

Prima di partire, sussurriamo alcuni versi di una canzone della band The Script: «*You could be the greatest, you can be the best, you can be the King Kong banging on your chest*».

Poi Brett dice al microfono: «*Three, two, one, go!*». "Tre, due, uno, vai!", e io lo seguo giù.

Grida: «*Push, push, push!*», "Spingi, spingi, spingi!", quando vuole che io vada più veloce. «*Turn*», per farmi girare intorno alle porte. «*Standing hard*», se la curva è più ampia. «*Coming over*», se il terreno piatto diventa ripido. «*Yep. Yep. Yep*», rispondo io.

Quando Brett è due o tre metri davanti a me, riesco a vedere la sua giacca, una macchia arancione. Cerco di seguirla. Abbasso la testa in modo da poter vedere un pochino con la parte alta degli occhi. Se si allontana un po' di più, come nella discesa libera, dove sta a cinque metri, devo affidarmi solo alla sua voce, e sono più nervosa. Allora mi concentro sul suo respiro, sul suo tono, su ogni minimo dettaglio. Tutto quello che sento è Brett e i suoi sci che strusciano sulla neve.

Trascorriamo molto tempo sulle piste, ma quello che passiamo senza la neve sotto i piedi è davvero importante perché è così che abbiamo costruito un rapporto di fiducia. Più ci conosciamo, più è facile fidarsi. In estate sono andata in Scozia a trovarlo, poi lui è venuto da me nel Kent. Siamo andati insieme ad alcuni concerti, ci siamo divertiti e abituati l'uno alla routine dell'altro. Ora Brett capisce subito se sono serena semplicemente dal modo in cui respiro. Mi piace la sua capacità di comunicare, la sua apertura. Certo, crede pure di essere molto spiritoso, invece in realtà dovrebbe lavorare un po' per migliorare le sue battute!

Lo sci di velocità è il nostro forte. La lentezza è più preoccupante, perché prendere bene le curve in gare "lente" come lo slalom può essere problematico. Nella discesa libera invece vai giù dritto più veloce che puoi. La velocità massima che abbiamo raggiunto è 115 chilometri l'ora ai Mondiali di sci alpino per disabili di Tarvisio, in Italia, ed è stato a quella velocità che mi sono scontrata con le barriere dopo aver tagliato il traguardo. Brett si sentiva responsabile, ma non era colpa sua. Ero tutta un livido, mi sono fatta male alla caviglia e ho sbattuto la testa, mi hanno diagnosticato una commozione cerebrale. Solo dopo ho saputo che avevamo vinto la medaglia d'oro nella discesa libera. Non ricordo granché della caduta, ma fortunatamente ero cosciente durante la cerimonia di premiazione: sentire l'inno nazionale è stata la sensazione più bella. Campioni del mondo: siamo arrivati 1,2 secondi prima di Henrieta Farkasova e della sua guida Natalia. Henrieta è la mia più grande rivale: è una campionessa slovacca e dal punto di vista tecnico è una sciatrice incredibile. In passato è stata via per due anni dopo una caduta. È bene che ci sia qualcuno come lei, che ti ricorda che non puoi mai togliere il piede dall'acceleratore e che c'è sempre chi lavora più duramente di te.

Come dicevo prima, sin dall'età di 12 anni le Paralimpiadi del 2018 erano il mio sogno. Dovevano essere i *miei* Giochi. Sarei stata preparata, mentalmente e fisicamente. Sarei stata più grande e più saggia. Avrei sciato in cinque discipline – discesa libera, supergigante, slalom gigante, slalom e supercombinata – e mi sarei presa un anno libero dalla scuola per allenarmi. E questo mi avrebbe aiutato a ottenere l'oro. Ma nel gennaio 2017, quando siamo andati a testare le piste prima delle Paralimpiadi di PyeongChang, le cose non sono andate come previsto. Pensavo: "Wow, siamo veloci... potremmo vincere". Poi ho tagliato il traguardo e ho avuto un flashback della mia caduta precedente. L'ultima cosa che so è che stavo rotolando. Ho sbattuto la testa due volte... In realtà non ricordo niente, questo è quello che mi ha raccontato Brett. Sono stata portata via in ambulanza: commozione cerebrale. Ci sono voluti sei mesi per guarire, molto più tempo di quanto pensassi. E la cosa peggiore è che mi è rimasta una preoccupazione dentro, un nervosismo... la fiducia in me stessa era stata intaccata. "Ho perso il mio talento?" mi chiedevo. "Sarò mai brava come una volta?" Si è insinuata in me una paura che non avevo mai provato prima: paura di cadere di nuovo. "Perché sto facendo tutto questo se rischio di farmi male?"

L'80% di quello che io e Brett facciamo è psicologico, il restante 20% dipende dalla performance in una determinata gara. Non devi avere dubbi, né paura. Con la mia psicologa sportiva siamo tornati sul luogo della caduta: dovevo riprogrammare il mio cervello per cominciare a pensare in modo diverso all'accaduto. Intanto dovevo studiare per gli esami di maturità. Non è stato facile.

Così quando ho saputo di essere stata selezionata per

PyeongChang, il mio sollievo è stato enorme. Rispetto a Sochi c'erano più aspettative nei miei confronti, ma la pressione più grande è quella che metto io su me stessa. Le due cadute ci avevano fatto rivalutare i nostri obiettivi: Brett e io sentivamo di non aver niente da perdere. Non miravamo a una medaglia in particolare: nel momento in cui cominci a pensare al risultato, è allora che perdi. Tutto ciò che puoi fare è affrontare la gara e, quando ti trovi al cancelletto di partenza, non avere rimorsi, sapere di avere fatto tutto ciò che potevi.

Durante le gare i demoni sono tornati. Ero piuttosto nervosa, ma dall'istante in cui siamo partiti ho pensato solo agli aspetti tecnici. La neve era perfetta. Sapevo di essere più forte mentalmente: quando pensavo alla caduta sorridevo, anziché preoccuparmi. Sapevo che stavolta mi sarei fermata alla linea del traguardo, ed era questo il mio obiettivo: non si è ripetuto quello che era accaduto un anno prima.

Abbiamo vinto tre medaglie, due argenti in discesa libera e superG e un bronzo nello slalom, e faremo tesoro di quel che abbiamo imparato per metterlo in pratica nei prossimi Giochi, quelli del 2022. Ci sono stati momenti in cui ho dubitato di poterci riuscire di nuovo. C'è voluto un anno, è stata una lotta, ma è la sensazione più bella del mondo. Non riuscivo letteralmente a smettere di sorridere.

Questo sport mi ha resa quella che sono, mi ha dato sicurezza, amicizie, e una libertà tale che ogni volta che sono sugli sci penso: quello che sto facendo è incredibile.

Una volta ero sicura di me perché non avevo nulla di cui aver paura, non avevo mai sperimentato una brutta caduta. Ora sono più realista, so che le cose possono andar male, che questo è uno sport pericoloso, ma so anche che sono forte abbastanza da affrontarlo e che ho fatto tutto quello che potevo per salvaguardarmi ed essere competitiva. Perché continuo? Perché è quello che amo, perché ho talento e perché voglio farlo. Non mollerò mai. E un giorno quell'oro lo vincerò davvero!

Millie x

Le Paralimpiadi

I Giochi Paralimpici o Paralimpiadi sono l'equivalente delle Olimpiadi per atleti con disabilità fisiche. La parola "paralimpico" viene dalla fusione della preposizione greca *para* (accanto) più "olimpico". L'idea nasce in Gran Bretagna dopo la Seconda guerra mondiale, dove nel 1948 si indice una competizione sportiva per coinvolgere il grande numero di veterani feriti e menomati durante i combattimenti, ma i primi veri Giochi Paralimpici si tengono a Roma nel 1960, con 400 atleti da 23 Paesi. Nel 1976 in Svezia le prime Paralimpiadi invernali, che, come i Giochi estivi, si svolgono ogni quattro anni; dal 1988 la città scelta è la stessa che ospita le Olimpiadi. Il Comitato paralimpico internazionale ha stabilito sei categorie di disabilità applicabili sia ai Giochi paralimpici invernali che a quelli estivi: amputati, paralisi cerebrale, disabilità intellettiva, sedia a rotelle, ipovedenti, Les Autres (disabilità fisiche che non appartengono strettamente alle altre cinque categorie). All'interno delle sei categorie, poi, gli atleti devono essere suddivisi in base al livello di disabilità.

Le Paralimpiadi sono un simbolo delle grandi opportunità che lo sport può offrire a chi crede di non avere più una vita davanti a sé. «Grazie allo sport si può rinascere», come ha detto una volta Bebe Vio: da ragazzina le sono stati amputati gli arti per salvarla dalla meningite, ma ha continuato a fare scherma fino a vincere una medaglia d'oro ai Giochi paralimpici di Rio nel 2016.

Regno Unito

Abitanti: 66.579.845

Superficie: 242.495 km^2

Forma di governo: monarchia costituzionale

Religioni: cristiani (59,5%), non religiosi (25,7%), musulmani (4,4%), hindu (1,3%), ebrei (0,4%), altre fedi (1,5%), non dichiarati (7,2%)

Risorse: servizi (finanza), industrie (aerospaziale, farmaceutica)

Curiosità

- È stato il primo Paese industrializzato nel 1700.
- Londra è stata la sede dei Giochi Paralimpici nel 2012, i più grandi di tutti i tempi, con 4302 atleti di 164 Paesi, quattordici dei quali per la prima volta: per il movimento paralimpico è stato un ritorno al luogo di nascita spirituale.
- Brexit: con un referendum nel giugno 2016 i cittadini britannici hanno deciso di uscire dall'Unione Europea.

Mare del Nord
IRLANDA
REGNO
UNITO
Londra
La Manica
FRANCIA

Il piccolo grande lottatore

AITZAZ HASAN, PAKISTAN

6 gennaio 2014

Aitzaz non aveva chiuso occhio la sera prima, ma non sapeva perché. Forse perché a scuola i compagni lo prendevano spesso in giro. *Motu*, lo chiamavano, "grassottello", e poi scoppiavano a ridere davanti a tutti, anche ai professori. «*Pehlwan*» sussurravano tra loro, paragonandolo a un lottatore di wrestling. Aitzaz non rispondeva mai e non dava nemmeno a vedere di restarci male. Sorrideva, e basta.

Ma forse la ragione di quell'insonnia era un'altra. Suo padre era partito per Dubai, una città di grattacieli nel deserto a quattro ore di aereo da Islamabad, dove un milione di pachistani andavano a faticare nei cantieri edili. Da quel momento, un'ombra di tristezza era scesa sull'intera famiglia. Anche suo fratello maggiore e le sue sorelle soffrivano per l'assenza di papà. Ma la mamma, Ghuncha, più di tutti. Quando il marito aveva ottenuto il visto di lavoro, per lei era stato uno choc, ma per il bene dei figli non aveva perso il sorriso e ripeteva sempre ad Aitzaz: «Devi essere fiero e orgoglioso. Tuo padre ha un lavoro onesto».

Quella mattina il profumo di *paratha*, il pane fritto servito per colazione, riempiva la casa modesta della famiglia Hasan, facendola sembrare il ricco palazzo di un re. Era il piatto preferito di Aitzaz, che lo mangiò con gusto insieme alle uova. Poi la mamma gli pettinò i capelli con cura, usando l'olio per lucidarli. «Sarai lo studente più bello» disse sorridendo. Aitzaz aveva ormai 15 anni, frequentava il primo anno delle superiori, ma non era particolarmente bravo a scuola e immaginava un giorno di diventare un soldato. Quando andava a caccia sulle montagne circostanti, indossava l'uniforme militare, sperando di suscitare l'ammirazione dei compagni, ma la madre continuava a trattarlo come il suo bambino.

Come ogni giorno, Aitzaz si incamminò per la strada sterrata che da casa portava alla scuola.

Il villaggio di Ibrahimzai, nel nordovest del Pakistan, era famoso per i suoi santuari sciiti, visitati da un gran numero di pellegrini, ma anche perché era pieno di prati verdi e ruscelli che scendevano dalle montagne al confine con l'Afghanistan. Peccato che da lassù scendessero anche i terroristi, uomini che avevano combattuto contro i soldati occidentali e disprezzavano gli sciiti come Aitzaz e i suoi compaesani. Li accusavano di non essere veri musulmani e sostenevano che dovevano morire tutti. Nell'ultimo anno, gli attentati contro la loro minoranza in Pakistan erano stati continui: bombe contro i santuari, omicidi di avvocati, medici e altri professionisti sciiti in vista, non solo nei piccoli centri ma anche nelle grandi città come Karachi. Non tutti potevano permettersi di lasciare il Paese, ma molti cominciavano a vederla come l'unica soluzione.

Il distretto di Aitzaz non era lontano da Mingora, la città dove poco più di un anno prima una sua coetanea era stata gravemente ferita. E lei non era nemmeno sciita, ma sunnita! Si chiamava Malala Yousafzai, e la sua colpa era di aver scritto un diario online e aver parlato apertamente contro i talebani, gli estremisti sunniti che avevano preso il controllo della sua valle, vietando, fra l'altro, a tutte le donne di studiare o lavorare. I talebani avevano fermato il furgoncino su cui si trovava con le altre studentesse e le insegnanti. Un terrorista era salito sul retro. «Chi è Malala?» aveva gridato. Qualcuna aveva inavvertitamente guardato verso di lei. L'uomo aveva capito e le aveva sparato alla testa, lasciandola in fin di vita. Per fortuna non era riuscito a ucciderla: i medici in Pakistan e poi in Gran Bretagna, dov'era stata portata d'urgenza, le avevano salvato la vita. Malala aveva lasciato il Pakistan: spesso raccontava in TV che le mancavano tanto i fiumi e le montagne della sua terra, luoghi che anche Aitzaz adorava e non sapeva se sarebbe riuscito a vivere senza.

Sulla strada che dalla casa di Aitzaz conduceva alla scuola, l'inverno aveva avvizzito le foglie dei cespugli più bassi, dipingendo il paesaggio di tinte marroni e giallicce. In assenza di vegetazione fu facile intravedere il cugino Shehzad che poco lontano camminava e chiacchierava con un amico. Mentre Aitzaz affrettava il passo per raggiungerli, vide fermarsi un pulmino pieno di passeggeri. Ne scese un ragazzo di qualche anno più grande di loro. Indossava la stessa uniforme blu scura della scuola, con la giacca sopra la tunica e i pantaloni. Solo che portava un berretto diverso da quello dell'uniforme, che era blu con un rombo rosso cucito sopra. Avvicinandosi, Aitzaz sentì il cugino rivolgersi al giovane estraneo.

«Di dove sei?» chiese Shehzad.

«Di Ibrahimzai» rispose il nuovo compagno.

"Strano" pensò Aitzaz, poco più indietro. Il loro villaggio contava seimila abitanti o poco più, per cui tutti si conoscevano. Ma era certo di non aver mai visto quel ragazzo.

«Cioè… In realtà sono originario di Kohat» si corresse il ragazzo, come se avesse letto nel pensiero di Aitzaz. «Sono qui per registrarmi a scuola.»

Erano quasi arrivati al cancello quando sentirono i compagni cantare l'inno nazionale del Pakistan in cortile.

«Oh, no! Siamo in ritardo!» esclamò Shehzad. «Ora non ci faranno più entrare.» Poi in segno di amicizia nella comune sfortuna, tese la mano destra al nuovo compagno per stringergliela, ma prima di ricambiare il gesto, lui si infilò in tasca qualcosa che teneva in mano, come per nasconderlo. Un sottile filo bianco spuntò dalla manica.

Tutto il resto accadde in un battito di ciglia. Shehzad e il suo amico cominciarono a correre verso il cancello della scuola. «Scappa, Aitzaz!» gridò il cugino.

Ma Aitzaz non si diede alla fuga. Se l'avesse fatto, chi

avrebbe fermato quel ragazzo? La polizia non era nei paraggi, nessun adulto sarebbe arrivato in tempo. Corse verso lo sconosciuto, che vedendosi minacciato si chinò a terra, raccolse un sasso e glielo scagliò contro. Ma Aitzaz lo schivò e gli si gettò addosso.

Lo attaccò come i lottatori nei film di arti marziali che guardava sempre in TV. Lo afferrò in una morsa, come il leggendario Babur, l'imperatore Moghul che si dice fosse capace, ben cinquecento anni fa, di correre per lunghissime distanze portando un uomo sotto ciascun braccio.

Aitzaz, il *pehlwan*. Aitzaz, il lottatore.

Forse non pensò a cosa significhi davvero affrontare un kamikaze, all'irrevocabilità della morte. O forse ne era consapevole, ma questo non lo fermò. Da quelle parti, la violenza settaria è una cosa della vita, i ragazzi crescono in fretta e si domandano se avranno il coraggio di affrontare minacce come quelle. «Nemmeno una bomba ti può scalfire, vista la tua stazza» lo avevano preso in giro i compagni due giorni prima, su quella stessa collina. «Comunque di certo saresti troppo lento a scappare.»

Il botto dell'esplosione risuonò per tutto il villaggio.

Gli insegnanti e gli studenti corsero fuori dalla scuola.

Shehzad e l'amico sollevarono lo sguardo dal loro nascondiglio.

Anche la mamma di Aitzaz sentì quel terribile rombo e, pur non potendo vedere da casa quel che accadeva davanti alla scuola, fu travolta da un brutto presentimento: «Sento che è successo qualcosa al mio Aitzaz».

Come più tardi fu appurato dalla polizia pachistana, sotto l'uniforme il ragazzo sconosciuto indossava un giubbotto imbottito di esplosivo. La scuola era il suo obiettivo: voleva entrare dal cancello principale e uccidere tutti quei ragazzi sciiti, forse mille o addirittura duemila, riuniti nel cortile per l'inno nazionale.

Ma non aveva fatto i conti con Aitzaz. Quando capì che non sarebbe riuscito a sfuggire alla presa del ragazzo, decise di farsi saltare in aria comunque e di sacrificare le loro due vite, perciò premette il detonatore che teneva in tasca.

Aitzaz *il lottatore* aveva messo il terrorista al tappeto. Aveva salvato i compagni, anche quelli che ridevano di lui. Aitzaz *il grassottello* aveva dato la sua vita per difendere il loro diritto di vivere, di imparare, di sognare.

Il Pakistan e gli sciiti

Il Pakistan conta 200 milioni di abitanti (oltre tre volte l'Italia): è il sesto Paese più popoloso del mondo. È stato fondato nel 1947 – a seguito della partizione dell'India appena resa indipendente – ed è l'unico al mondo nato nel nome dell'Islam. "Pakistan" significa letteralmente "terra dei puri". Per metà circa dei settant'anni successivi alla partizione e all'indipendenza, il Paese è stato governato dai militari, e i governi democraticamente eletti spesso non sono riusciti a completare i propri mandati, finendo con l'essere rimossi da presidenti o colpi di stato dell'esercito.

La popolazione musulmana del Pakistan è per l'80% sunnita e per il 20% sciita. La divisione tra queste due correnti dell'Islam risale al 632 d.C. quando il loro profeta, Maometto, morì senza nominare un erede. Tra i suoi seguaci si aprì una disputa: la maggior parte, i sunniti (da *Ahl al-Sunnah* ossia "la gente che si rifà alla tradizione", al dettato e alle azioni del profeta), era favorevole ad affidare la successione ad Abu Bakr, suocero e compagno di Maometto; ma altri (gli sciiti, da *shiat Ali*, il partito di Ali) ritenevano che il legittimo successore dovesse essere il cugino del profeta. Sunniti e sciiti concordano sul fatto che Allah è l'unico dio, professano i cinque pilastri dell'Islam (la testimonianza della fede: «Non c'è altro dio all'infuori di Allah e Maometto è il suo profeta»; la preghiera cinque volte al giorno rivolgendo il capo verso la Mecca; l'elemosina per aiutare i poveri; il digiuno durante il mese sacro del Ramadan; il pellegrinaggio alla Mecca una volta nella vita per chi può permetterselo economicamente e fisicamente). Venerano lo stesso libro sacro, il Corano, ma ognuno ha la propria interpretazione della religione.

Sunniti e sciiti vivono insieme in molti Paesi, ma ci sono estremisti in entrambe le correnti che odiano l'altro gruppo. Gli sciiti sono stati spesso perseguitati e uccisi con l'accusa di essere traditori, "eretici". Per fortuna, però, ci sono ancora realtà – come i matrimoni misti tra sciiti e sunniti che vengono celebrati tuttora in Pakistan – dove le persone convivono in pace e senza problemi.

Pakistan

Abitanti: 200.813.818

Superficie: 796.100 km^2

Forma di governo: repubblica parlamentare

Religioni: musulmani sunniti (tra il 75 e il 90%), musulmani sciiti (tra il 5 e il 20%), hindu (1,60%), cristiani (1,59%), ahmadi (0,22%)

Risorse: agricoltura, miniere (carbone, gas naturale, pietre preziose, rame, oro), industria (tessile, fertilizzanti, petrolio, cemento)

Curiosità

- È il secondo Paese musulmano più popoloso dopo l'Indonesia.
- L'Italia non ha mai avuto una donna premier, il Pakistan sì: Benazir Bhutto, ma è stata assassinata durante un comizio elettorale nel 2007.
- I palloni usati per i Mondiali sono fatti in Pakistan, il più grande produttore di palloni da calcio (40 milioni l'anno).

KAZAKISTAN
UZBEKISTAN
KIRGHIZISTAN
RKMENISTAN
TAGIKISTAN
CINA
Mingora
AFGHANISTAN
Ibrahimzai
Islamabad
PAKISTAN
IRAN
Karachi
INDIA
Mar Arabico

EAR HAS
BAN
AUTOMAT
THOUGHTS & PR
DON'T SAVE
MARCH
FOR OUR

La marcia per la vita

EMMA GONZÁLEZ, U.S.A.

14 febbraio 2018

«Ma come, di nuovo?»

Sono le 14.20 del pomeriggio quando l'allarme comincia a suonare. Emma si trova nell'auditorium della sua scuola, la Marjory Stoneman Douglas di Parkland, Florida. Nel salone si riversano decine di studenti, come previsto dal protocollo.

Una volta, nelle scuole americane, come in quelle di tutto il mondo, si facevano le esercitazioni anti-incendio. Ma la sparatoria di Sandy Hook ha cambiato tutto: il 14 dicembre 2012 un ragazzo di vent'anni è entrato con una pistola in una scuola elementare nella cittadina di Sandy Hook, in Connecticut, e si è portato via per sempre la vita di venti bambini e sei insegnanti. I bambini avevano sei e sette anni, la loro morte ha sconvolto tutti. Da allora la nuova normalità è prepararsi alla prossima sparatoria.

"Strano, però, che l'allarme suoni di nuovo..." pensa Emma.

Hanno già fatto un'altra esercitazione proprio quella mattina. Per giunta mancano solo dieci minuti alla fine delle lezioni. Prova a uscire in corridoio, ma qualcuno le grida di tornare nell'auditorium. Lì, seduta per terra, si mette a cercare su Google News per capire cosa stia succedendo.

Emma aveva vissuto a Parkland, una tranquilla cittadina della Florida, per tutti i suoi 18 anni, con la mamma insegnante di matematica, il papà avvocato immigrato da Cuba e due fratelli più grandi. Adorava la scrittura creativa e l'astronomia mentre la matematica non la faceva impazzire. Nel tempo libero si cuciva gli abiti da sola e guardava Netflix dipingendo, ricamando o facendo qualunque cosa le tenesse le mani impegnate. E contava i giorni che la separavano dal diploma. Su alcune cose era indecisa al massimo: per esempio, non avrebbe saputo dire qual era il suo colore preferito. Su altre aveva le idee chiare: si era rasata i capelli a zero. Quando le chiedevano perché – se fosse una scelta femminista o anticonformista – rispondeva che in Florida faceva troppo caldo! Per di più il parrucchiere costava un sacco di soldi e il ballo dell'ultimo anno stava per arrivare: tutte buone ragioni per eliminare quell'impiccio. Più i suoi genitori dicevano di no, più lei insisteva. Alla fine, li aveva convinti con una presentazione in powerpoint sui vantaggi di rasarsi a zero.

Quel 14 febbraio, il giorno di San Valentino, Emma

aveva passato l'ora di pranzo a vendere "dichiarazioni d'amore", cioè bigliettini romantici di sua invenzione che somigliavano a certificati di matrimonio. Era un'idea che le era venuta come presidente dell'Alleanza gay-etero della scuola: tutti avevano il diritto di amare e di sposarsi con chi volevano.

"Stai bene?" La domanda la raggiunge via SMS, quaranta minuti dopo che l'allarme ha iniziato a suonare. E allora si rende contro che qualcosa non va per davvero.

Non è un'esercitazione.

Anche gli smartphone dei compagni accucciati tra le sedie dell'auditorium cominciano a trillare per le *breaking news* dei notiziari:

L'attentatore è entrato nell'edificio 12.
È nell'aula di Psicologia avanzata.
Sei, forse sette vittime.

L'edificio 12 è proprio accanto all'auditorium, ci studiano le matricole. Scoppia il panico. Chi piange, chi prova a consolare gli altri. Anche alcuni insegnanti non riescono a trattenere le lacrime.

Due ore dopo un rumore secco li fa sobbalzare tutti. Le porte si spalancano e, con le armi puntate, guardando freneticamente a destra e sinistra, gli agenti del reparto speciale fanno irruzione. Li radunano, li mettono in fila:

«Tenete le mani bene in alto! Fuori dall'edificio! Correte! Guardate avanti!»

Emma e gli altri studenti corrono fuori. Corrono fino al muro di poliziotti schierati sotto il sole accecante. Gli elicotteri rombano sulle loro teste, li circondano decine di macchine della polizia e barricate di nastro giallo. Solo dopo che i cani poliziotto hanno annusato gli zainetti accatastati in mezzo alla strada, i ragazzi vengono autorizzati ad abbracciare i propri cari. Diciassette dei loro compagni giacciono senza vita nell'edificio 12, in attesa di essere identificati.

Quella sera Emma ascolta al notiziario l'elenco dei suoi amici morti.

Sei minuti e venti secondi circa.

Tanto ci ha messo Nick Cruz, un ragazzo di 19 anni espulso l'anno prima, a stravolgere per sempre la comunità di Parkland.

Con passo calmo, in pantaloni e polo, è sceso da un'auto Uber, ha estratto dal borsone un fucile AR-15, alterato in modo da poter sparare come una mitragliatrice, e ha cominciato a far fuoco a caso in alcune classi del primo e poi del secondo piano.

Sei minuti e venti secondi e la sua amica Carmen non si sarebbe mai più lamentata con Emma di quanto odiasse le lezioni di piano.

Sei minuti e venti secondi e Aaron Feis non avrebbe mai più chiamato Kyra "signorina raggio di sole".

Sei minuti e venti secondi e Alex Schachter non sarebbe mai più arrivato a scuola con suo fratello Ryan.

Il professore di geografia Scott Beigel non avrebbe mai più scherzato con Cameron dopo le lezioni.

Helena Ramsay non avrebbe mai più incontrato Max dopo la scuola. Gina Montalto non avrebbe mai più salutato Liam a pranzo. Joaquin Oliver non avrebbe più giocato a basket con Sam e Dylan.

Alaina Petty: mai più. Cara Loughran: mai più. Chris Hixon: mai più. Luke Hoyer: mai più. Martin Duque Anguiano: mai più. Peter Wang: mai più. Alyssa Alhadeff: mai più. Jaime Guttenberg: mai più. Jaime Pollack: mai più. Nicholas Dworet: mai più.

Al terzo piano l'attentatore ha abbandonato il fucile ed è scappato attraverso i campi da tennis, confondendosi con gli studenti in fuga. Si è fermato da Walmart per una bibita, poi da McDonald's per un hamburger. L'hanno preso un'ora dopo. Tutti in città sapevano che quel ragazzo aveva seri problemi mentali: sua madre era morta di recente e lui "sentiva le voci". Su Instagram scriveva che voleva uccidere. Era stato denunciato alla polizia. Ma tutto questo non gli aveva impedito di comprare legalmente un'arma da guerra.

Il giorno dopo arrivano le condoglianze e le preghiere del presidente Donald Trump e delle altre autorità. Ma è sempre la stessa storia. Le parole non cambiano niente, le stragi nelle scuole continuano: 13 morti a Columbine, 26 a Sandy Hook, 32 a Virginia Tech, 17 a Parkland. Poche ore prima della sparatoria, la classe di Emma ha fatto una lezione proprio sulla diffusione delle armi in America: hanno parlato del Secondo Emendamento della Costituzione che ne difende il possesso. Lei non è contraria al fatto che una persona possa avere un fucile per cacciare o anche per proteggersi, ma odia le lobby come l'NRA, la National Rifle Association, perché danno soldi ai politici in modo che non ci siano limiti alla vendita di armi. E considera una stupidaggine la proposta del presidente di darle agli insegnanti per difendere gli studenti nelle classi.

"La CNN cerca qualcuno per il programma con Anderson Cooper." David Hogg le scrive via SMS. Una volta, insieme a David, il giornalista della scuola, Emma ha lanciato un pallone meteorologico per un progetto di Scienze. Doveva raggiungere "i confini dello spazio". In realtà dopo un po' ha perso quota ed è caduto più o meno all'altezza delle Bahamas. Allora lei sognava di lavorare alla NASA, ma adesso niente ha più importanza.

«Sì, Anderson Cooper lo conosco, l'ho visto in TV. Ci sto.»

Quel giovedì sera, dopo la veglia per le vittime, mentre Emma e David parlano in TV, un altro ragazzo dell'ultimo anno, Cameron Kasky, invita a casa sua un gruppo di amici. Insieme al suo fratellino disabile è riuscito a salvarsi nascondendosi in classe durante quei sei minuti e venti secondi, ma non riesce più a chiudere occhio. E in quelle notti insonni ha deciso di fondare un movimento, ha già pensato al nome: Never Again. Mai più.

Quella stessa sera anche Jaclyn Corin, del terzo anno, è sveglia. Ha scoperto che il suo amico Joaquin è tra le vittime e ha pianto così forte che i genitori sono stati costretti a tenerla in due perché non si facesse male. Poi ha cominciato a scrivere email ai parlamentari del Congresso. Ha già pensato a un piano: una manifestazione a Tallahassee, la capitale della Florida.

Emma, David, Cameron e Jaclyn decidono di unire le loro voci. Insieme saranno invincibili.

«Ogni persona che è qui oggi, tutta questa gente, dovrebbe essere a casa a piangere» dice Emma il sabato dopo la strage, durante una manifestazione organizzata dai ragazzi nella città di Fort Lauderdale in Florida. La sua voce è piena di tristezza e di rabbia ma ogni volta che sembra pronta a spezzarsi, si solleva, più forte.

«Siamo qui perché se il nostro governo e il nostro presidente non sanno mandarci altro che pensieri e preghiere, allora è tempo che le vittime si diano da fare di persona per cambiare le cose. Non saremo un'altra statistica sulle sparatorie di massa in America, saremo l'ultima sparatoria di massa. E di noi leggerete un giorno nei libri di scuola.»

Presto arrivano le reazioni dei sostenitori delle armi: insulti, minacce di morte. «Siete attori, non veri studenti.»

Viene diffuso sui social un video in cui sembra che Emma strappi la Costituzione: un fotomontaggio. C'è chi dice che l'attentatore della sua scuola fosse stato vittima di bullismo e che una dei bulli fosse proprio lei: bugie.

«Gli adulti ci chiedono i migliori risultati in classe, ma

quando noi chiediamo a loro un mondo migliore ci odiano» replica Emma. «Gli adulti dicono che siamo troppo giovani per capire come funziona il governo. Ma se loro si comportano come bambini a noi non resta altro che fare gli adulti. Gli adulti dicono che siamo apatici e pigri? Guardate i tre pullman carichi di 100 studenti che Jaclyn sta mandando a Tallahassee.»

E poi arriva il 24 marzo, il giorno previsto per la manifestazione più importante, a Washington, accompagnata da proteste in molte altre città. La "Marcia per le nostre vite" attira centinaia di migliaia di persone e diventa la più grande manifestazione studentesca nella storia americana.

«Sei minuti e venti secondi» dice Emma, parlando per ultima dal palco, alla fine del pomeriggio. «Così diciassette nostri amici ci sono stati strappati via.»

Li ricorda uno per uno. Poi rimane in silenzio, con i suoi capelli rasati e la giacca con la bandiera cubana, fissando la folla, che a sua volta la scruta incerta sul da farsi.

Qualcuno la incita gridando il suo nome. Emma chiude gli occhi e stringe i fogli fra le mani.

Qualcun altro applaude. Le lacrime le rigano il viso, ma lei resta immobile. Qualcuno urla: «Mai più, mai più».

Poi la suoneria del timer segna il tempo.

«Sei minuti e venti secondi» dice Emma, con voce calma.

Le stragi nelle scuole

Le sparatorie di massa (considerate tali quando le vittime sono più di quattro) sono più frequenti negli Stati Uniti rispetto a qualunque altro Paese al mondo. Delle 292 registrate in totale tra il 1966 e il 2012, 90 (cioè il 31%) si sono verificate lì: negli Stati Uniti è più probabile morire nel corso di una sparatoria a scuola. Alcune sono diventate tristemente famose: per esempio quella di Columbine, in Colorado, dove nel 1999 due diciottenni uccisero 13 compagni delle superiori e poi si tolsero la vita; e quella di Sandy Hook, dove le vittime furono 20 bambini delle elementari, sei insegnanti e la madre dell'attentatore ventenne. Molte vengono commesse da persone con problemi mentali. La facilità di accesso alle armi – negli U.S.A. rispetto a molti altri Paesi – è considerata una delle ragioni principali di questa situazione. Ci sono tra i 270 e i 310 milioni di armi da fuoco negli Stati Uniti, in media una per ogni americano (anche se sono un terzo quelli che vivono con almeno un'arma in casa). Mentre in altri Paesi, come l'Australia, dopo le sparatorie di massa sono state introdotte leggi più dure, in America molti continuano a difendere strenuamente il diritto alle armi, sancito dal Secondo emendamento della Costituzione nel 1791. I ragazzi di Parkland fanno parte di una nuova generazione che vuole migliorare le cose una volta per tutte, ma per farlo dovranno riuscire a cambiare le leggi e la mentalità degli americani: un'impresa non facile.

Stati Uniti

Abitanti: 325,7 milioni

Superficie: 9.834.000 km^2

Forma di governo: repubblica federale

Religioni: cristiani (69%), ebrei (2%), musulmani (1%), buddhisti (1%), hindu (1%), altre religioni (1%), nessuna affiliazione (24%), nessuna risposta (3%)

Risorse: settore industriale, tecnologie, petrolio e gas, risorse naturali

Curiosità

- È il più grande esportatore di armi al mondo, seguito dalla Russia (il maggiore importatore è l'India, seguita dall'Arabia Saudita).
- Secondo emendamento della Costituzione: introdotto nel 1791 è il diritto di possedere e portare le armi, per autodifesa e per formare una milizia nel caso in cui sia necessario proteggere la nazione.
- Dalla strage della scuola di Columbine, nel 1999, a oggi, oltre 187.000 studenti di almeno 193 scuole primarie e secondarie hanno vissuto una sparatoria durante l'orario scolastico (secondo uno studio del quotidiano "Washington Post", 2018).

CANADA
STATI UNITI D'AMERICA
Washington
FLORIDA
Parkland
MESSICO
Golfo del Messico
CUBA
BELIZE
GUATEMALA
HONDURAS
EL SALVADOR
NICARAGUA
COSTA RICA
PANAMA
Oceano Pacifico

La sposa bambina

NOJOUD ALI, YEMEN

2 aprile 2008

Anche stanotte Nojoud ha fatto il solito incubo.

La lampada a olio che cade sul pavimento, la piccola fiamma che si spegne. Il mostro che nel buio si avventa su di lei, schiacciandola a terra con le sue mani enormi, togliendole il respiro. La bocca che si spalanca per divorarla.

No, non mi toccare! Non mi toccare!

Non è stato difficile, quindi, svegliarsi prima del solito. Come sempre si lava il viso e recita la prima preghiera, poi aspetta con pazienza che anche la mamma si alzi e le chieda di andare a comprare il pane.

Prende i 150 riyal ed esce con calma, avvolta nella sua *abaya* nera e con un foulard sempre nero sui capelli. Fiancheggia le altre povere case di cemento del suo quartiere, seguendo il profumo del pane appena sfornato. Anziché entrare dal panettiere, però, lo oltrepassa. Con il cuore in gola, raggiunge la via principale dove l'aria puzza sempre dei gas di scarico delle macchine e si infila in fretta in un minibus. Arrivata al capolinea, prende un taxi giallo.

«Al tribunale» ordina all'autista con la maggior naturalezza possibile, considerato che è la prima volta nella sua vita che prende un taxi. Mille domande affollano la sua mente: a chi potrà raccontare le cose terribili che ha passato? Se *umm* e *aba*, mamma e papà, sono rimasti indifferenti, a chi importerà qualcosa? Chi la salverà dal mostro?

Il tribunale è un enorme labirinto. Nel cortile di pietra bianca c'è un gran viavai di uomini eleganti con giacche scure sopra le tuniche bianche e infilato alla cinta il *janbiyya*, il tradizionale pugnale dalla lama arcuata. Donne con i volti coperti dal *niqab* aleggiano con le lunghe vesti fruscianti come fantasmi neri sotto il sole abbagliante. Ci sono cartelli con indicazioni che sarebbero utili se solo Nojoud sapesse leggere, ma l'unica cosa che sa fare è scrivere il proprio nome e contare fino a cento.

È una bambina di dieci anni in un posto per i grandi. Ma si fa coraggio. Si trova nel luogo dove si amministra la giustizia. E giustizia è ciò che è venuta a chiedere.

«Signore, sa dove posso trovare un giudice?»

«Da quella parte, in cima alle scale» si sente dire distrattamente.

Nojoud sale su per la scalinata e si ritrova in una grande stanza. Il giudice deve essere quell'uomo baffuto di mezza età al quale tutti si avvicinano. Si siede ad aspettare su una delle tante sedie allineate alla parete, finché lui le rivolge uno sguardo interrogativo.

È il suo turno.

E Nojoud è pronta. Ci ha pensato e ripensato. Ci sono solo tre parole da dire.

«Io voglio divorziare.»

Due mesi prima, a febbraio, Nojoud era stata data in sposa, anche se era troppo piccola per capire esattamente che cosa fosse il matrimonio.

L'unica cosa che sapeva era che la sposa indossava un magnifico abito bianco come quelli che aveva ammirato nelle vetrine dei negozi di Sana'a. L'idea di possedere uno di quei vestiti da sogno le piaceva tanto, e al resto non pensava.

Pochi giorni dopo, papà si era recato in moschea con il padrone di casa e uno dei fratelli di Nojoud, che servivano da testimoni: a celebrare il matrimonio andavano solo gli uomini, tanto erano loro a decidere. Papà e il suo futuro marito si erano stretti la mano davanti all'imam:

«In nome di Dio, il Compassionevole, il Misericordioso, io ti concedo di avere in sposa la mia onorata e libera figlia Nojoud secondo la *sunna* di Dio e del suo Profeta, con la sua dote e alle condizioni convenute.»

Avevano gettato in aria dei semi e li avevano subito raccolti. Papà aveva ricevuto una dote di 15.000 riyal, cioè 540 euro: ora poteva pagare l'affitto, e aveva una bocca in meno da sfamare.

Papà non riusciva più a mantenere la famiglia da quando, alcuni anni prima, avevano dovuto lasciare il loro piccolo villaggio di Kharji, sulle montagne del caffè, per trasferirsi in città. Da allora le cose erano andate di male in peggio. Prima, pur non essendo ricco, papà aveva un gregge di ottanta montoni e quattro mucche. A Sana'a invece non trovava lavoro. Nojoud e i suoi fratelli erano stati costretti a mendicare e vendere fazzoletti agli automobilisti di passaggio.

Papà aveva una gran paura che a Nojoud succedesse quello che era capitato a sua sorella Mona. Un giorno che Mona era sola in casa con i bambini più piccoli, un ragazzo si era chiuso dentro con lei e l'aveva disonorata. Così dicevano nel villaggio. Mona era stata costretta a sposare quel ragazzo e la gente in ogni caso aveva cominciato a parlare male di lei. Come diceva sempre papà, l'onore è tutto. Il loro onore era macchiato e così papà aveva dovuto vendere la casa, la terra e le bestie. Tutta la famiglia era stata costretta a lasciare Kharji.

Ora a Nojoud avevano messo il rossetto sulle labbra, il khol nero intorno agli occhi e un vestito marrone troppo lungo, non uno di quelli bianchi da sposa che aveva sognato. Gli strilli di gioia e le danze delle donne riempirono la casa. Gli uomini festeggiarono invece a casa dello zio, masticando *qat*, le foglioline verdi che erano una droga da cui anche papà era diventato dipendente.

La mattina dopo vide per la prima volta suo marito Faez. Era venuto a prenderla con un fuoristrada. Era alto quanto papà, aveva i baffi e il pugnale alla cinta. Sembrava vecchissimo: doveva avere almeno trent'anni. La mamma la accompagnò alla porta.

«Tutte dobbiamo sposarci, è il nostro destino» le disse abbracciandola forte. Le consegnò un piccolo fagotto. Nojoud sbirciò dentro: un *niqab*. Non l'aveva mai dovuto portare fino a quel momento, ma ormai era una donna, una donna sposata.

Avrebbe dovuto essere al settimo cielo. Invece il suo piccolo cuore batteva come un tamburo per la paura.

Otto ore dopo – quattro delle quali a dorso di mulo lungo sentieri troppo stretti e ripidi per il fuoristrada – arrivarono a destinazione. Riconobbe subito il posto: Kharji, il suo vecchio villaggio di case arroccate tra le terrazze scavate dai contadini nella montagna. Era là che suo marito viveva. Li accolse una folla di uomini armati, che sparavano in aria: la festa di nozze. Gli uomini ballarono fino a tarda notte, agitando i fucili e i pugnali alla luce dei falò. Nojoud fu portata subito in casa.

«Io sono tua suocera. Questa è la stanza da letto di tuo marito» le disse una donna sdentata e rugosa che doveva avere almeno mille anni.

La guardò appena, le diede una ciotola di riso e carne e la lasciò sola nella stanza. C'era una stuoia per terra e una lampada a olio in un angolo.

A Nojoud quella solitudine non dispiacque: esausta per il viaggio, si assopì subito. E nel sonno giunsero a cullarla i ricordi della sua vita felice da bambina in quel villaggio.

Sognò le risate delle sorelle quando andavano a prendere l'acqua al fiume bilanciando sulla testa le taniche di plastica gialle. Respirò il profumo della cucina della mamma, che metteva per terra la pentola da cui tutti mangiavano con le mani.

Poi sentì delle mani sul suo corpo. Il mostro! Aprì gli occhi e lo vide: era suo marito.

«Non mi toccare! Lasciami!» gridò terrorizzata.

Il mostro non la lasciò. «Aiuto! Aiuto!»

Nessuno le rispose. Inciampò, riuscì a non perdere l'equilibrio e stava per riprendere la sua corsa cieca... ma due lunghe braccia l'afferrarono e la sollevarono da terra. Una mano gigantesca la schiaffeggiò, così forte che non sentì più le guance. Poi il mostro la riportò in camera e spalancò la bocca puzzolente per divorarla.

Il giorno dopo la suocera la svegliò presto.

«*Mabruk! Mabruk! Mabruk!*» gridò. «Congratulazioni! Ora alzati, tuo marito è già andato a lavorare. Non si è mai vista una donna sposata che sta ancora a letto dopo il sorgere del sole.»

Nojoud sentiva un terribile bruciore al ventre, ma a quella donna non importava.

Non c'erano elettricità né acqua corrente. La mandò a prendere l'acqua al fiume, le fece tagliare le verdure, dar da mangiare alle galline, pulire il pavimento, lavare le stoviglie incrostate di grasso.

Dalla finestra Nojoud vide delle bambine della sua

età che giocavano spensierate. «Posso andare con loro, *amma*?» chiese alla vecchia di mille anni, chiamandola affettuosamente zia. «Solo per qualche minuto?»

«Non se ne parla. Credi di essere in vacanza?» rispose lei sputacchiando tra i denti.

Passarono i giorni, uno dopo l'altro, tutti uguali. Ma per quanto fossero faticose le giornate, le notti erano peggio. Il villaggio che aveva amato e rimpianto era diventato una prigione. Per quanto lei si ribellasse, ogni notte il mostro vinceva sempre.

Un giorno, stanco dei suoi pianti e dei suoi rifiuti, il marito decise di portarla dai genitori in modo che le spiegassero una volta per tutte i doveri di una moglie.

Nojoud pensava che i suoi l'avrebbero difesa, ma si sbagliava.

«Doveva aspettare che diventassi una donna prima di toccarti, e non l'ha fatto. Ma adesso che sei sposata, devi stare con tuo marito» le disse la mamma.

«Il divorzio? Non se ne parla nemmeno, perché è un disonore. E l'onore è tutto» aggiunse papà.

La casa dei suoi genitori era come una prigione fatta di muri invisibili: nessuno la ascoltava. Ma senza farsi vedere dagli altri, Dowla, la seconda moglie di papà, le fece scivolare nella mano 200 riyal e nell'orecchio un consiglio:

«Nojoud, la sola cosa che puoi fare è andare in tribunale.»

«Ed ecco perché sono qui» conclude Nojoud rivolgendosi al giudice. «Io voglio divorziare.»

Il giudice fissa in silenzio quel volto così dolce e triste. È solo una bambina che vuole giocare, ma è anche una donna sposata che capisce tante cose. Non è certo una sorpresa per lui che bambine come Nojoud vengano date in spose in Yemen, ma è la prima volta che una di loro chiede il divorzio. Tuttavia, ci sono alcuni aspetti che rendono il caso problematico. La legge non stabilisce con chiarezza un'età minima per il matrimonio e tutti sanno che, specialmente nelle campagne, i genitori danno spesso le figlie in spose all'età di 7, 8 o 9 anni. In più Nojoud è troppo giovane per testimoniare: nel suo caso vale la parola del guardiano maschio. Un altro magari valuterebbe la situazione diversamente, ma quel giudice decide che non può rimandarla a casa. Così ordina alla polizia di andare ad arrestare il padre e il marito di Nojoud, che vengono portati in tribunale, dove la bambina viene difesa da un'avvocata.

Poi il giudice fa ricorso a una legge che permette l'annullamento del matrimonio su richiesta della donna. In tal caso, la famiglia della sposa deve restituire la dote pagata dal marito, ma questo non è un problema: la notizia del divorzio di Nojoud è finita su tutti i giornali, ha fatto il giro del mondo, e moltissime persone hanno spedito dei soldi per aiutarla. Il mostro intasca il denaro della dote e viene liberato.

Non sarà facile dimenticare l'incubo, ma il giorno della sentenza, per la prima volta dopo tanto tempo, a Nojoud viene da sorridere. Due piccole fossette le illuminano gli angoli della bocca come non succede da tanto tempo. Ha vinto, è libera.

Tornerà a casa dei genitori, ma ormai i muri invisibili sono crollati. Andrà a scuola, farà valere i suoi diritti e aiuterà le sue sorelle più piccole. Mentre è immersa in questi pensieri, nella selva di macchine fotografiche e telecamere puntate su di lei all'uscita del tribunale, una giornalista le chiede: «Nojoud, che cosa vorresti adesso?».

E per la prima volta lei può esprimere un desiderio da bambina normale: «Un orso rosso di peluche».

Ma il finale della sua storia non è ancora stato scritto. Dieci anni sono passati. Nojoud ha ricevuto un premio a New York, un libro e un film sono stati realizzati su di lei, ed è stata definita un'eroina, un esempio per le altre ragazze. È tornata a vivere con la sua famiglia, ma suo padre si è impadronito di molti dei soldi a lei donati, spendendoli per la dote di una terza moglie. Nojoud ha rifiutato di continuare a studiare, si è sposata di nuovo e ha avuto due figlie. Ultimamente ha detto che ha capito di aver fatto un errore lasciando la scuola. Anziché Nojoud, che significa "nascosta", ora vuol essere chiamata Nojoom, "le stelle del cielo". Solo le stelle sanno come finirà la sua storia.

Lo Yemen e le spose bambine

«I chicchi di caffè sono come gli occhi delle ragazze yemenite» dice una vecchia canzone. Lo Yemen è un Paese bellissimo, ma è anche il più povero del Medio Oriente (il 40% della popolazione vive sotto la soglia di povertà e il 46% ha meno di 15 anni), afflitto dai problemi del terrorismo e da una guerra che ha fatto migliaia di morti. A questo si aggiungono tragedie come quella delle spose bambine. Almeno il 50% delle spose yemenite, secondo una stima, sono bambine, di solito tra gli 8 e i 10 anni.

Non è un problema solo dello Yemen: ci sono almeno 60 milioni di "spose bambine" nel mondo, secondo le Nazioni Unite. Nascono nelle famiglie più povere dei Paesi più poveri. Spesso i genitori ritengono di non avere altra scelta: nutrirle, vestirle e istruirle costa troppo. La maggior parte dei genitori non vuole fare del male alle figlie: pensano di proteggerle facendole sposare quando sono vergini, il che è molto importante in queste società. Ma così negano loro la possibilità di studiare e poi lavorare: quindi in realtà non fanno che alimentare la povertà da cui provengono.

Dopo il divorzio di Nojoud nel 2008, altre spose bambine yemenite sono andate in tribunale a chiedere il divorzio. Diverse associazioni per i diritti umani e delle donne, insieme ad alcuni parlamentari, hanno sollecitato una legge che imponga come limite minimo per il matrimonio l'età di 18 anni, ma tutte le proposte sono state bloccate per l'opposizione di chi vuole interpretare alla lettera la *sunna*, cioè la tradizione musulmana, e ricorda che il Profeta Maometto sposò la moglie Aisha quando lei era una bimba di nove anni.

Non è solo un problema dei Paesi musulmani. In Etiopia, nonostante la Chiesa ortodossa si dica contraria, alcuni preti continuano a celebrare nozze precoci.

Le leggi non bastano: quasi tutti i Paesi dove esiste il problema delle spose bambine hanno già fissato un'età minima per il matrimonio, quasi sempre a 18 anni; ma la regola non viene applicata. La soluzione? Ridurre la povertà, rendere obbligatoria l'istruzione per le bambine e collaborare con i leader locali per cambiare le norme sociali.

Yemen

Abitanti: 26.183.676

Superficie: 527.970 km²

Forma di governo: repubblica presidenziale (ma il Paese è in guerra dal 2015)

Religioni: musulmani sunniti (65%), musulmani sciiti (35%)

Risorse: agricoltura, petrolio e gas

Curiosità

- Nonostante le risorse di cui dispone è uno dei Paesi più poveri del mondo: più dell'80% della popolazione vive in povertà.
- La guerra civile iniziata nel 2015 vede due fazioni che vogliono controllare il governo appoggiate dalle grandi potenze della regione, l'Arabia Saudita contro l'Iran.
- Solo il 14,9% della popolazione ha accesso a internet.

IRAQ
KUWAIT
IRAN
Golfo
Persico
Stretto di Hormuz
QATAR
EMIRATI ARABI
UNITI
ARABIA SAUDITA
OMAN
Mar
Rosso
YEMEN
Sana'a
ERITREA
Mar Arabico
GIBUTI
ETIOPIA
SOMALIA

Alla mia mamma

YACOUB SAID, ITALIA

24 luglio 2011

Scrivo questa lettera per dirti che ti amo. Da quando ci siamo separati ti penso giorno e notte, la notte è molto lunga per me lontano da te.

Tu sei la più bella donna del mondo, tutti i bambini sognano di averti sulla terra, tu sei la miglior madre che io abbia mai potuto pensare.

Un giorno mi sono separato da te mamma. Quando ti penso le lacrime cominciano a scendere.

Se oggi sono qui senza di te, io mi sento solo al mondo e non c'è niente da fare, tu sei la persona che conta di più per me, la più cara del mondo. Io sogno per me un giorno di ritrovarti sana e salva, le tue piccole filastrocche-canzoni, mi fanno salire il morale, e mi danno la speranza di essere un bambino amato da sua madre.

Io vorrei essere il più felice al mondo come gli altri bambi-

ni della terra, vorrei gioire della tua presenza, ti prometto che combatterò come posso con tutte le mie forze per ritrovarti.

Io so che sei viva e mi pensi, io sarò sempre concentrato in tutto quello che faccio a pregare Dio misericordioso il più misericordioso, io so che Tu mi ascolti, senza sonno né sonnolenza, Tu sei presente nel tuo trono. Tra tutti i bambini aiuta me a ritrovare la mia famiglia, vorrei essere il più felice del mondo e sarebbe un giorno indimenticabile della mia vita.

Mi aiuti a farmi uscire da questa griglia?

Agosto 2018

Cara mamma,

quando ho scritto queste parole ero un ragazzino di 14 anni approdato da due settimane a Lampedusa. Sentivo ancora i crampi in tutto il corpo dopo essere stato accatastato tra decine d'altri corpi sul barcone, nel lungo viaggio dalla Libia. Moussa era con me, ma senza di te mi sentivo solo al mondo.

Ho scritto quella lettera a penna su due foglietti e li ho messi in mano a un'avvocata nell'ex base militare Loran, il centro di accoglienza dove sono rimasto per tre mesi. Volevo che tu sapessi che ero vivo, che avevo bisogno di te e che ti cercavo sempre. È stata pubblicata su molti siti internet e alcuni giornali, ma sono sicuro che non l'hai mai letta, altrimenti mi avresti già trovato.

Sono passati sette anni da allora, io ne ho quasi 21 ormai e tu adesso ne hai 46 e mezzo. È passata un'eternità, ma io so ancora nel mio cuore che sei viva.

Forse sei ancora in Libia? Oppure da qualche parte in Nord Africa. In Camerun penso di no: due anni fa sono andato a cercarti. Tu telefonavi sempre ai nonni dopo esserti trasferita in Libia e mi facevi parlare con loro, così si ricordavano ancora di me. Ma i nonni non ti hanno più vista né sentita. Forse hai perso il loro numero?

«Prenditi cura di te, come sempre. Ci vediamo al tuo ritorno» mi hai detto quel 28 ottobre 2010 nella nostra casa a Sebha, in Libia. Non era un addio. Mi hai dato qualche soldo da spendere, come fanno tutte le mamme, perché andavo a Misurata con Moussa, a giocare con la nostra squadra di calcio, Al-Jumhuriya, "La Repubblica". Poi l'assistente dell'allenatore ci ha convinti a passare da Tripoli: ci avrebbe presentato alle squadre più importanti del Paese, magari ci avrebbero permesso di allenarci con loro anche se eravamo troppo giovani per scendere in campo.

A febbraio era scoppiata la guerra, e noi lo sapevamo. Ma ci avevano detto che a Tripoli non c'erano gravi pericoli. A marzo, però, le bombe cadevano sulla capitale: facevano un rumore assordante, pauroso, che ti resta dentro le orecchie. Tutto era pericoloso: camminavi per strada e sparavano da destra e sinistra. Era un Far West: da una parte c'erano i pro-Gheddafi e dall'altra gli anti-Gheddafi, e in mezzo non si capiva niente. Ma la cosa più pericolosa si è rivelata il colore della nostra pelle. Si pensava che tutti i ragazzi neri fossero mercenari al servizio del dittatore Muammar Gheddafi. Così un giorno hanno accoltellato davanti ai nostri occhi il vice allenatore, che era libico e di pelle nera. Io e Moussa abbiamo cercato di rianimarlo, ma è stato inutile. Abbiamo trascinato il corpo fino alla stazione di polizia, ma i poliziotti hanno fatto spallucce: «Non pensate di ottenere giustizia» ci hanno detto, «c'è una guerra e la Libia comunque non è casa vostra». Avevamo vissuto quasi tutta la vita in Libia, eppure restavamo due ragazzi neri, due ragazzi del Camerun.

Abbiamo chiamato il mister e lui è venuto a prenderci, ci ha preso per mano e ci ha detto: «Guardate, ragazzi, dovete andare in Tunisia, e poi da lì cercate di contattare i vostri familiari». Ci ha portati in un campo dove stavano ammassati i neri, dicendoci che era un posto sicuro da cui potevamo partire in barca. «Andate e salvatevi, Dio è con voi.» Ci ha parlato come un padre che prende in giro un bambino: credo che non volesse averci sulla coscienza, perciò ci ha consigliato di scappare. Ma non ci ha detto che andavamo in Italia.

Poi intorno alla mezzanotte non ho capito più niente. Ci hanno preso tutto quello che avevamo, compreso il cellulare, e ci hanno fatto salire su un barcone piccolo, di legno marcio. Due giorni dopo eravamo a Lampedusa.

Mamma, io ho provato a chiamarti quel giorno, ma il telefono di casa squillava a vuoto. Sapevo che eri a Misurata per comprare all'ingrosso i vestiti da rivendere al mercato, ma ormai avresti dovuto essere ritornata a casa.

Ho provato e riprovato.

Mamma, senza di te oggi io non sarei chi sono. Non ho mai dimenticato le cose che mi hai insegnato. «La prima cosa è la pazienza e il rispetto.» Mi dicevi sempre che questi sono i valori. «Tutto va guadagnato, niente viene regalato.»

Io mi sono dato da fare. Ho fatto la terza media in un paese piccolo vicino a Palermo, che si chiama Campo Reale. Poi mi sono iscritto alla scuola professionale in un altro paesino e dopo all'alberghiero, a Palermo. Tre anni fa ho smesso di giocare a calcio. Dopo il diploma ho capito che era difficile costruirmi un futuro con il pallone. Meglio studiare: così mi sono iscritto direttamente all'università, e ora sto facendo una laurea triennale in Scienze del Turismo. Ho chiesto la borsa di studio all'università e sono riuscito a vincerla, ho lasciato la comunità dove vivevo gratuitamente e sono andato a stare al pensionato universitario. È una cosa buona e devo cercare di mantenerla: sono riuscito ad arrivare ai crediti che mi hanno chiesto e il prossimo anno spero di poter dare ancora di più. Vediamo.

Anche Moussa si è diplomato con me. Ci sentiamo ancora a volte, ma non ci vediamo quasi mai, perché abbiamo scelto percorsi diversi, ognuno la sua strada. Ma neanche Moussa sarebbe diventato ciò che è senza di te, se tu non l'avessi raccolto per strada con quel ginocchio che gli usciva fuori dalla gamba per le botte e le torture nel campo di detenzione, e se tu non l'avessi portato a casa crescendolo come un figlio. Lo portasti subito da un dottore e poi in ospedale per farlo operare alla gamba. Moussa allora ricominciò a sognare che sarebbe potuto tornare a fare il calciatore come in Camerun. Adesso invece sta studiando medicina e diventerà dottore!

Io ho iniziato anche a fare volontariato, e poi faccio dei lavoretti di traduzione in questura o al tribunale per guadagnare magari dieci o venti euro per uscire il sabato. Viaggiare è un sogno per me. Cerco di conoscere luoghi diversi, per poter decidere in futuro dove andare a vivere e lavorare. Con gli stage della scuola alberghiera sono stato in Francia, Germania, Bulgaria, Romania. Mi è piaciuta la Francia, non mi sono mai sentito uno straniero, visto che parlavo francese, e non mi sono sentito trattato come un "ragazzo di colore". In Italia, invece, sei sempre "il ragazzo di colore", "il ragazzo del Camerun", e ti senti già diverso. Anche se ho fatto le scuole qui, ho sentito sempre questa differenza.

All'inizio la gente era curiosa di sapere da dove venivo, come mai ero venuto a studiare in un piccolo paese. "Wow, che bella gente", ho pensato. Ma poi col passare del tempo ho iniziato a capire che quella curiosità era una cosa superficiale. Sono riuscito a integrarmi, a vivere nella società, però c'è sempre una certa difficoltà quando esco dal mio guscio, dai miei posti. La gente non lo fa per male, ma perché le condizioni sociali sono queste. Non voglio generalizzare, ma in base alla mia esperienza nei posti dove ho vissuto, le persone non sono abituate alla diversità, a conoscere nuove culture. L'Italia è ancora giovane sull'immigrazione e perciò vieni etichettato in questo modo.

Ho girato tutta l'Italia e Palermo è una delle città più accoglienti e calorose del Paese. Qui tutti sono amici di tutti ed è anche per questo che la città mi è piaciuta e ho deciso di restarci. Qui mi sento a casa e non ho mai avuto nessun problema, anche se qualche volta mi è successo, salendo sui mezzi pubblici, di essere indicato e di sentire la gente dire: «Vengono qui, si prendono 35 euro al giorno e ci rubano il lavoro, le donne, le case». Ma non ho mai risposto. Inutile rispondere agli ignoranti, pensavo. Prima di parlare dovrebbero informarsi bene, ma spesso parlano per scaricare i propri problemi sui più deboli.

Una volta però mi sono sentito così sdegnato che ho deciso di scriverlo su Facebook. È stato tre mesi fa. I miei amici, tutti ragazzi italiani, erano seduti al bar e avevano già consumato. Io li stavo raggiungendo per chiacchierare un po' e prendere un caffè, ma appena sono arrivato ho sentito una voce alle spalle che mi ha detto: «Esci». Mi sono girato e ho chiesto: «Sta parlando con me?». «Sì, deve uscire» mi è stato risposto. Mi sono avvicinato al cameriere e ho chiesto spiegazioni, ed è stato allora che mi è stato detto: «Perché c'è gente che viene qui a chiedere l'elemosina». Ho raggiunto i miei amici e ho detto loro: «I neri non possono entrare in questo bar perché sono tutti mendicanti, quindi se vogliamo continuare a parlare dobbiamo uscire». A quel punto, i titolari del bar mi hanno chiesto scusa e avrebbero voluto offrire la consumazione ai miei amici, ma io mi sono impuntato, ho pagato e sono uscito. Neppure un cane lo tratti così. Se anche fossi entrato in quel bar a chiedere l'elemosina, e non lo stavo facendo, avrebbero potuto usare un tono diverso e allontanarmi con modi educati.

Palermo non è una città razzista, i palermitani sono persone di cuore, ma c'è sempre qualcuno, una o due persone, che possono avere questi atteggiamenti. Qui sono cresciuto, ho costruito amicizie e ho ricevuto tanto calore umano. Il primo anno, quando non capivo la lingua italiana perfettamente, un ragazzo di Palermo, Calvin, mi dava una mano, cercava di spronarmi ad andare avanti e di darmi consigli su come studiare.

Non voglio scappare, sarebbe inutile. Bisogna, invece, restare e cercare di cambiare le cose, contribuire a modificare la mentalità della gente, battere la paura del diverso, che spesso nasce solo dall'ignoranza e dalla mancanza di conoscenza.

Mamma, lo so, ti sto raccontando le cose belle ma anche quelle brutte, ma lo faccio perché la vita è fatta di entrambe e tu non me lo hai mai nascosto. Anch'io voglio dirti sempre tutta la verità.

Sono tornato in Camerun due anni fa. È stato un po' difficile, perché per me era tutto nuovo, dato che siamo andati via quando avevo cinque o sei anni. Questo è il

Paese dove sono nato, ma anche qui le persone mi trattano come uno straniero. Parlo ancora il nostro dialetto *fula*, tu ci tenevi moltissimo, dicevi che si deve parlare la lingua del posto in cui siamo nati. Ma ho un accento stranissimo, come un Veneto che viene in Sicilia, e alcune parole non le capivo proprio. Un cugino ha disegnato per me delle mappe, per mostrarmi come arrivare dai nonni. Ho preso un treno per dodici ore, dopo il treno l'autobus, dopo l'autobus il taxi. Alla fine sono arrivato a destinazione, a nord, nella città Ngaoundere, nello stato di Adamawa. L'Africa è davvero una grande famiglia. C'erano gli zii e i cugini: almeno ventiquattro persone vivevano nella stessa casa. Mi hanno accolto molto bene, mi sono sentito a casa. Ma la lingua era una barriera. Sono rimasto un mese per cercare di migliorare il mio accento.

Mamma, dopo quel viaggio ho preso una decisione. Non appena finisco l'università a Palermo, mi troverò un lavoretto per mettere dei soldi da parte.

Poi inizierò a tracciare un percorso, una mappa come quelle che ha disegnato il cugino del Camerun.

Io non sono più tornato in Libia, era pericoloso, ma ora verrò a cercarti, per tutto il Nord Africa. Sono pronto a partire.

«Come va, mamma?» ti chiederò ancora una volta.

«Ko mi vi cam guire giawabou bo ha Allah» mi risponderai. «Posso dirti tante cose, ma la risposta ce l'ha Dio.»

L'immigrazione in Italia

L'Italia, per gran parte della sua storia dall'Unità in poi, è stata un Paese di emigrazione, ma a partire dalla fine degli anni Settanta è diventato un Paese di immigrazione. Negli ultimi due decenni la popolazione straniera è notevolmente aumentata, da 500.000 (regolari) a 5 milioni e mezzo di persone (regolari e non). Dal 2013 poi è esploso il fenomeno degli sbarchi: allo stesso tempo c'è stata una forte diminuzione (causata dalla crisi economica) dei flussi in entrata legati ai permessi di soggiorno e un aumento dei migranti che approdano via mare in fuga dai loro Paesi in difficoltà. Nel 2014 i migranti sbarcati in Italia hanno toccato la cifra record di quasi 150.000 persone, numero più che triplo rispetto a quello degli sbarcati nel 2013 (43.000) e più che doppio rispetto al valore del 2011 (anno in cui si era registrata la cifra di 63.000 arrivi a seguito delle cosiddette Primavere Arabe). Dal 2015 al 2018 quasi mezzo milione di immigrati sono sbarcati in Italia. Ma ci sono anche coloro che sono partiti e non sono mai arrivati: migliaia di persone sono morte nel Mediterraneo (5000 nel 2016, oltre 3000 nel 2017, oltre 1500 nei primi otto mesi del 2018). Anche il numero di minori stranieri non accompagnati, come Said e Moussa, è cresciuto in maniera considerevole a partire dall'inizio del nuovo millennio, soprattutto dopo le Primavere Arabe e l'esplosione di vari conflitti presenti in Medio Oriente.

La maggioranza dei migranti che raggiungono l'Italia proviene dall'Africa (principalmente da Tunisia, Nigeria, Eritrea, Sudan, Costa d'Avorio). La Libia è un territorio di passaggio, per loro. Il viaggio costa a ogni giovane subsahariano tra 1000 e 5000 dollari. Spesso sono anni di reddito di un'intera famiglia, da versare ai trafficanti.

Nel 2018 il numero di sbarchi in Italia è sceso drasticamente a 18.890 persone (fino ai primi di agosto), a causa di un accordo tra il governo italiano e quello libico, per cui è la Guardia Costiera libica a fermare i barconi e riportare a terra i migranti. Anche la decisione del Governo italiano di chiudere i porti ha determinato un aumento importante del numero dei migranti trattenuti in Libia o respinti verso altri Paesi.

Il termine "migrante" viene spesso utilizzato in maniera generica per indicare il flusso di persone in fuga dal proprio Paese che arriva in un altro. Ma c'è una distinzione giuridica tra coloro che lasciano la Patria per cercare un lavoro e condizioni di vita migliori (ovvero i migranti) e i rifugiati, ovvero coloro che sono perseguitati nel loro Paese d'origine (per ragioni di razza, religione, opinioni politiche o altro). Proteggere i rifugiati e dare loro asilo è obbligatorio secondo il diritto internazionale. Anche se molti degli africani che sbarcano in Italia non possono essere classificati come rifugiati, ci sono preoccupazioni giustificate sulle condizioni in cui vengono tenuti nei centri di detenzione in Libia in attesa del rimpatrio nei Paesi d'origine.

Italia

Abitanti: 60.500.000

Superficie: 301.340 km^2

Forma di governo: repubblica

Religioni: cattolici (74,4%), non religiosi/atei/agnostici (22,6%), altro (3%)

Risorse: servizi, finanza, turismo, industria, artigianato, moda

Curiosità

- Le religioni degli immigrati: i cristiani ortodossi (1,6 milioni) sono più numerosi dei musulmani (1,4 milioni).
- 1993: anno in cui per la prima volta il numero dei bambini nati in Italia è stato inferiore ai decessi. Da allora il saldo migratorio è la sola causa di incremento della popolazione italiana.
- Nel solo 2011 l'isola di Lampedusa, che conta circa 6300 abitanti, ha accolto e sfamato 11.000 immigrati. Per la grande solidarietà mostrata, l'isola è stata proposta per il Premio Nobel per la Pace.

GERMANIA
SVIZZERA
AUSTRIA
UNGHERIA
RANCIA
SLOVENIA
CROAZIA
ITALIA
BOSNIA ED ERZEGOVINA
SERBIA
Roma
MONTENEGRO
ALBANIA
Palermo
ALGERIA
MALTA
Lampedusa
Mar Mediterraneo
TUNISIA
LIBIA

Ringraziamenti

Ho scritto questo libro durante la gravidanza e i primi due mesi di vita di mia figlia Rosa Serine. Non avrei potuto farlo senza l'aiuto di suo padre, Ethan, e delle sue nonne Maria e Linda, che le hanno tenuto compagnia nelle ore in cui ho lavorato a queste pagine. Ringrazio Alice Bigli, libraia e lettrice appassionata di Rimini, che mi ha invitata a tenere con lei un laboratorio per le scuole dal titolo "Paesi che dovresti conoscere", che ha ispirato in parte questo libro. Sono fortunata di averlo potuto realizzare, come i miei libri passati, con il "dream team" della Mondadori, Marta Mazza, Maria Bastanzetti e Paolo d'Altan. Sono grata ai tre capi che ho avuto negli ultimi dodici anni alla redazione Esteri del "Corriere della Sera" – Paolo Lepri, Luigi Ippolito e Mara Gergolet – che mi hanno dato l'opportunità di recarmi come inviata in molti dei Paesi di cui scrivo in questo libro, dall'Afghanistan agli Stati Uniti, e di raccontare alcune delle storie che avete letto sul più grande quotidiano italiano.

Dietro ogni storia ci sono tante persone che mi hanno dato una mano con generosità estrema, senza chiedere mai nulla in cambio:

innanzitutto Rossella Panuzzo e Paolo Ferrara di *Terres des Hommes*, che mi hanno fatto conoscere Yacoub Said e Maud Chifamba; per l'Afghanistan Rohina Bawer con cui ho visitato l'orfanotrofio di AFCECO (Afghan Child Education and Care Organization), Anna Meli, Pamela Cioni e Maddalena Collo di Cospe che mi hanno permesso di visitare e passare le notti in un luogo sicuro a Kabul; Arilli Siraj che mi ha messa in contatto con Negin e l'insegnante Adriana Mascoli che la convinse a studiare musica; per l'Honduras il giornalista americano Armando Trull che per primo ha scritto su Kevin e mio marito che mi ha aiutato con lo spagnolo (perdendosi una finale di Champions League); per gli Stati Uniti l'avvocato del Native American Rights Fund (e mio suocero) Kim Gottschalk, che ha trasmesso a mio marito la passione per questi temi; sulla Cina il mio collega Paolo Salom che mi ha fatto da interprete e Alice Yan del "South China Morning Post" per avermi messa in contatto con il padre di Wang Fuman; per la Polonia la regista norvegese Åse Svenheim Drivenes, che ha girato il pluripremiato documentario *I am Kuba* su cui è basato il racconto; per l'India Mario Porqueddu, capo delle Cronache al "Corriere della Sera", che mi chiese di scrivere sulla sfilata di moda di Reshma nel 2016, quando ero stata inviata a New York, e Ria Sharma dell'associazione *Make Love Not Scars*, che mi aiutò a farle alcune domande per quell'articolo; per la Siria il fratello di Hamza e alcuni coraggiosi attivisti (che preferiscono non essere citati); per il Pakistan la mia migliore amica, la giornalista Madeeha Syed, che mi ha aiutata a conoscere il suo Paese; per lo Yemen, il giornalista Hamed Thabet, che fu il primo a scrivere la storia di Nojoud sullo "Yemen Times" e mi aiutò a intervistarla poco prima che diventasse famosa, e la regista Khadija Al Salami, che mi raccontò la sua stessa esperienza di sposa bambina molto prima di girare un film su di lei.

V.M.

Fonti

Negin Khpalwak

Intervista telefonica, 7 aprile 2018

Articoli

Anna Coren, *Music School Strikes Chord with Afghan Street Kids*, CNN, 21 settembre 2012

Shaimaa Khalil, *Afghanistan's First Female Conductor*, BBC News, 10 novembre 2015

Sally Armstrong, *The New Faces of Afghan Women*, "MacLean's", 15 aprile 2016

Mirwais Harooni, *Afghan Teenager Braves Threats, Family Pressure to Lead Women's Orchestra*, Reuters, 18 aprile 2016

Viviana Mazza, *Afghanistan, l'orchestra al femminile che sfida i divieti dei talebani*, "Corriere della Sera", 31 gennaio 2017

Video

A.C. Fowler, *An Afghan Teen is Breaking Barriers by Conducting an All-Female Orchestra*, Business Insider, 18 aprile 2016

Afghan Woman Defies Odds to Pursue her Dream, DW News, 6 agosto 2016

Connie Wang, *4 Millennial Afghan Women Who Are Fighting For The Right To Exist*, Refinery29.com, 8 marzo 2017

Siti web e social
www.zohra-music.org/
https://www.facebook.com/negin/kh.5268

Kevin Rodriguez

Intervista via Facebook, 9 maggio 2018

Articoli

Kyra Gurney, *A Snapshot of Honduras' Most Powerful Street Gangs*, "InSight Crime", 2 febbraio 2015

Juan José Martínez D´Aubuisson, *Barrio pobre, barrio bravo: la violenta historia de Rivera Hernández, Honduras*, "InSight Crime", 9 dicembre 2015

Sonia Nazario, *How the Most Dangerous Place on Earth Got Safer*, "New York Times", 11 agosto 2016

Armando Trull, *Here's What A Christmas Party Is Like In One Of The Most Dangerous Neighborhoods In The World*, "Huffington Post", 25 dicembre 2016

Entre balas y sangre: Kevin predica en la Rivera Hernández, "Tiempo Digital", 29 dicembre 2016

Jasilyn Charger

Intervista via Facebook Messenger, 29 marzo 2018

Articoli

Jessica Holland, *The Young Women Activists Leading Standing Rock to Victory*, "Huck Magazine", 5 dicembre 2016

Saul Elbein, *The Youth Group That Launched a Movement at Standing Rock*, "New York Times", 31 gennaio 2017

Mikki Halpin, *Standing Rock Sioux Tribe Historian LaDonna Brave Bull Al-*

lard on DAPL Protests and Seventh Generation Activists, "Teen Vogue", 26 aprile 2017

Video

Rebecca Wolf, *#NoDAPL in Washington DC*, Facebook, 13 settembre 2016
Amy Goodman, *From Keystone XL Pipeline to #DAPL: Jasilyn Charger, Water Protector from Cheyenne River Reservation*, Democracy Now!, 6 gennaio 2017
David Ritsher e Rachel de Leon, *One Year at Standing Rock*, Reveal/ Center of Investigative Reporting, 10 aprile 2017

Siti web e social

https://www.omym.org/
https://www.facebook.com/jasilyn.charger.5

Wang Fuman

Intervista telefonica con il padre, 10 giugno 2018

Articoli

Tracy You, *Boy's Hair is Completely FROZEN After he Walked an Hour to School on a Harsh Winter Morning in Rural China (and there was no heating when he got there)*, "Daily Mail", 9 gennaio 2018 (con video)
Guido Santevecchi, *Il bambino "fiocco di neve" e la foto virale che commuove la Cina delle contraddizioni*, "Corriere della Sera", 11 gennaio 2018
Kerry Allen, *Chinese Boy with Frozen Hair Reignites Poverty Debate*, BBC News, 11 gennaio 2018
Javier C. Hernández, *"Frost Boy" in China Warms Up the Internet, and Stirs Poverty Debate*, "New York Times", 13 gennaio 2018
Stephen Chen, *China's "Ice Boy" visits Beijing and Enjoys "Miracle" of Heating*, "South China Morning Post", 20 gennaio 2018
Guido Santevecchi, *Il bambino "fiocco di neve" scopre a Pechino "il riscaldamento in casa"*, "Corriere della Sera", 22 gennaio 2018

Javier C. Hernández, *China's Propagandists Wanted a Hero. "Frost Boy"*, "New York Times", 23 gennaio 2018

Alice Yan, *«Come Back to Scold me, Mum»: China's "Ice Boy" Wang Fuman's Lunar New Year Wish*, "South China Morning Post", 15 febbraio 2018 (con video)

Alice Yan, *China's "Ice Boy" Told to Leave New Private School After Week*, "South China Morning Post" 8 marzo 2018

Lijia Zhang, *The Orphans of China's Economic Miracle*, "New York Times", 27 marzo 2018

Wang Yu, *Il bambino fiocco di neve dello Yunnan. Ice Boy sta in un nuovo dormitorio con il riscaldamento* (in cinese), SINA, 29 maggio 2018

Kuba Pyrek

Intervista telefonica con la regista Åse Svenheim Drivenes, 25 maggio 2018

Film

I am Kuba, documentario di Åse Svenheim Drivenes, produzione Sant & Usant, 2015

Articoli

Kate Connolly, *As Poland Loses its Doctors and Builders, "Euro-orphans" Are Left at Home to Suffer*, "The Guardian", 15 marzo 2015

Martin Nejezchleba, *The plight of Europe's Euro-orphans*, DW News, 4 dicembre 2013

Maud Chifamba

Intervista faccia a faccia, 10 ottobre 2013

Intervista via WhatsApp, 3 maggio 2018

Articoli

The 20 Youngest Power Women In Africa 2012, "Forbes", 6 dicembre 2012

Teo Kermeliotis, *Orphaned Girl Starts University in Zimbabwe at 14*, CNN, 23 settembre 2012

Moses Chibaya, *Chifamba Urges Youths to Have Determination*, "The Standard", 3 novembre 2013

Clemence Machadu, *Child prodigy shares a story of optimism and hope*, "The Zimbabwean", 22 aprile 2014

Maud Chifamba, *Whiz Kid Unravels Day of the African Child*, "The Zimbabwean", 17 giugno 2014

Grace Mchina, *Maud Chifamba: Tough girl in tough times*, "Zim-Scoop", 9 agosto 2016

Caroline Theuri, *Maud Chifamba Makes History as Zimbabwe's Youngest University Graduate*, "Face2Face Africa", 4 ottobre 2016

Video

Viviana Mazza, *Ho 15 anni e vado all'università*, Corriere TV, 11 ottobre 2013

Mfonobong Nsehe, *Up and Close with Maud Chifamba, the Zimbabwean Whiz-kid*, 263Chat, 8 marzo 2016

Siti web e social

https://twitter.com/maud_chifamba

https://terredeshommes.it/indifesa/

Reshma Qureshi

Intervista via Facebook Messenger, 24 agosto 2016

Articoli

Viviana Mazza, *Sfigurata, sfilerà a New York: «Ho ritrovato la fiducia»*, "Corriere della Sera", 25 agosto 2016

Katie Rogers, *With Red Lipstick, Indian Acid Attack Victim Makes a Bold Statement*, "New York Times", 9 settembre 2015

Harsimran Gill & Karen Dias, *Indian Acid Attack Victims Share their Stories*, Al Jazeera, 10 marzo 2016

Shara Ashraf, *«I Am a Survivor, Not a Victim»: Reshma Banoo Qureshi*, "Hindustan Times", 7 agosto 2016

Miranda Bryant, *Teenager Who Was Left Blinded and Disfigured by Acid Attack Breaks Down in Tears as She Is Told She Will Walk the Runway at New York Fashion Week*, "Daily Mail", 19 agosto 2016

Danielle Allen, *«I Feel Really Good»: Acid Attack Survivor Reshma Qureshi Walks NY Fashion Ramp*, "Associated Press", 8 settembre 2016

Shilpa Sebastian, *The face of grit*, "The Hindu", 9 settembre 2016

Shara Ashraf, *11 Things You Didn't Know About Acid Attack Survivor Reshma Qureshi*, "Hindustan Times", 9 settembre 2016

Video

Beauty Tips by Reshma: How to Get Perfect Red Lips, MakeLoveNotScars.org, YouTube, 31 agosto 2015

Beauty Tips by Reshma: How to Apply Eyeliner, MakeLoveNotScars.org, YouTube, 2 settembre 2015

Acid Attack Survivor Reshma Quereshi Takes to the Catwalk of FTL Moda, TNews1 / YouTube, 11 settembre 2016

Siti web

https: / / makelovenotscars.org / reshma /

Hamza Ali Al-Khateeb

Intervista via WhatsApp con Omar, fratello di Hamza, 12 aprile 2018

Articoli

Ernesto Londo, *Apparent Torture of Boy Propelled Syria's Protest Movement*, "Washington Post", 29 maggio 2011

Hugh Macleod e Annasofie Flamand, *Tortured and Killed: Hamza Al-Khateeb, age 13*, "Al Jazeera English", 31 maggio 2011

Liam Stack, *Video of Tortured Boy's Corpse Deepens Anger in Syria*, "New York Times", 30 maggio 2011

Shiv Malik, Ian Black e Nidaa Hassan, *Teenage Victim Becomes a Symbol for Syria's Revolution*, "The Guardian", 31 maggio 2011

Uri Friedman, *On Syrian State TV Hamza Ali Al-Khateeb Is No "Child Martyr"*, "The Atlantic", 31 maggio 2011

Sonia Verma, *How a 13-year-old Became a Symbol of Syrian Revolution*, "The Globe and Mail", 2 giugno 2011

Millie Knight

Intervista telefonica, 17 maggio 2018

Articoli

Mark Kebble, Millie Knight, *Great Britain's Youngest Paralympian*, "The Resident", 18 marzo 2015

Shona Louise, *In Conversation with Paralympic Skier Millie Knight*, blog, 27 gennaio 2018

Beth Rose, *Skiing Blind: «I crashed at 70 mph»*, BBC News, 9 marzo 2018

Will Unwin, *Winter Paralympics 2018: Millie Knight Wins Silver for Britain on Day One*, "The Guardian", 10 marzo 2018

Gabriella Le Breton, *15 Minutes with: Millie Knight*, "Fall-Line Skiing Magazine", 12 marzo 2018

Video

What's it like to Ski Virtually Blind?, BBC News, 12 dicembre 2017

Danielle Sellwood, *#EngageYourSenses, Women's stories of adventure. Episode 3: Millie Knight*, Ellis Brigham Mountain Sports, 2 marzo 2018

Suzanne Knight: «I Couldn't Reach Millie in her Toughest Year», BBC News, 11 marzo 2018

Siti web e social

millieknight.co.uk

https://facebook.com/millieknightparalympian
https://twitter.com/knight_millie
https://instagram.com/knight_millie
https://www.paralympic.org/millie-knight

Aitzaz Hasan

Articoli

Saving lives: A Teenager's Sacrifice for Hundreds of Mothers, "The Express Tribune", 9 gennaio 2014

Aitzaz Hasan: Tributes to Pakistan Teenager Killed When he Stopped a Bomber, BBC News, 9 gennaio 2014

Viviana Mazza, *Ferma un kamikaze. Muore per la scuola*, "Corriere della Sera", 10 gennaio 2014

Herald's Person of the Year: Aitzaz Hasan, "Dawn", 1 gennaio 2015

Aurangzaib Khan, *Aitzaz Hasan, the Lad Who Would be a Hero*, "Dawn", 6 gennaio 2015

Malala Yousafzai, *Person of the Year: Aitzaz Hasan, Our Hero of All Times*, "Herald", 23 marzo 2015

Film

Salute, scritto, diretto e prodotto da Shahzad Rafique, Cinetainment Production, Pakistan, 2016

Emma González

Articoli

Emma González, *Why This Generation Needs Gun Control*, "Teen Vogue", 23 marzo 2018

Nicole Chavez e Saeed Ahmed, *What We Know About Emma González, the Fiercely Outspoken Teen Who Stunned America with Her Silence.* CNN, 26 marzo 2018

Rebecca Mead, *Joan of Arc and the Passion of Emma González*, "New Yorker", 26 marzo 2018

Mari Uyehara, *The Sliming of David Hogg and Emma González*, "GQ", 30 marzo 2018

Video

Florida student to NRA and Trump: «We call BS», CNN, 7 febbraio 2018
Parkland Student Activists Talk Gun Control, TheEllenShow, 23 febbraio 2018
Students Calling for Change After the Parkland Shooting, 60 Minutes, CBS News, 18 marzo 2018
Il discorso di Emma alla "March for Our Lives", Reuters, 24 marzo 2018

Siti web e social

https://twitter.com/emma4change
https://www.instagram.com/emmawise18
https://marchforourlives.com/

Nojoud Ali

Intervista telefonica, 14 aprile 2008

Articoli

Hamed Thabet, *Yemen: 8-year-old Girl Asks for Divorce in Court*, "Yemen Times", 9 aprile 2008
Viviana Mazza, *Yemen, sposa di 8 anni si ribella. «Botte e abusi. Voglio il divorzio»*, "Corriere della Sera", 14 aprile 2008
Viviana Mazza, *La sposa bambina ottiene il divorzio*, "Corriere della Sera", 15 aprile 2008
Viviana Mazza, *60 milioni di spose bambine*, "Corriere della Sera", 24 agosto 2008
Alessandra Ballerini, *Aiutiamo Said a trovare la sua mamma*, blog, 25-27 luglio 2011
Viviana Mazza, *Io, sposa bambina come lei porto al cinema la storia di*

Nojoud, "Corriere della Sera", blog La27esima ora, 4 maggio 2016

Akbar Shahid Ahmed, *Here's What Happened to the Yemeni Child Bride Hillary Clinton Wanted to Help*, "Huffington Post", 11 maggio 2016

Libri

Nojoud Ali e Delphine Minoui, *Io, Nojoud, dieci anni, divorziata*, Piemme, Milano, 2009

Film

La sposa bambina, scritto e diretto da Khadija Al Salami, Yemen, 2014.

Yacoub Said

Interviste telefoniche, 9-10-11 agosto 2018

Articoli

Riccardo Venturi, *Aiuto ho perso la mamma. La preghiera del piccolo Said*, "Vanity Fair" 28 settembre 2011

Siti web e social

https://facebook.com/yacoub.said.1

Indice

PROVA D'ACQUISTO
978-88-04-70576-5
Guerrieri di sogni